보성학교 오영식 선생
정년퇴임 기념 소장도서 전시회

40년 - 108번뇌

책을 지키는 마음

대학교 국문과 다닐 때부터 시작하여 고교 국어교사 시절 내내 헌책이나 모으던 사람이 이제 36년의 교직을 마치고 정년퇴직을 한다는 미명 아래 그동안 모아온 冊들의 전시회를 열게 되었습니다. 이 세상에 가장 빠른 새의 이름이 '눈깜빡새'라는 농담이 이제 더 이상 농담으로만 들리지는 않게 되고 말았습니다.

학생의 호주머니로 헌책방을 뒤지고, 교사의 박봉으로 헌책을 사다가 '모범장서가'라는 게 되어서는 주제넘게도 '사회적 책임'이라는 걸 지나치게 해석하여 『불암통신』을 내게 되었고, 직장인 명문사학 보성학교의 영향으로 근대문화 전반에 대한 필요를 느껴 장서를 보강하게 되었습니다. 그러저러한 우연들이 모이고 묶여 여러분들의 도움을 받아 근대서지학회를 만들었고, 학회지 『근대서지』를 열다섯 책까지 내게 되었습니다.

42년의 세월

이제 예순을 갓 넘긴 제 나이로 볼 때, 결코 짧은 시간이라 말할 수 없는 이 시간 동안 누군가 제게 무엇을 했느냐고 묻는다면 저는 어쩔 수 없이 이렇게 대답할 수밖에 없을 것입니다.

"저는 冊을 지켜왔습니다."

이유? 과정? 결과? 그것들에 대해서는 결코 묻지 마십시오. 그냥 저는 제 능력이 허락하는 범위 내에서, 깜냥껏 冊을 지켜왔습니다. '국어교사나 모범장서가를 뛰어넘어 연구자와 수집가의 가교가 되었다'는 호사(豪奢)조차 사양하겠습니다. 저는 그냥 冊을 지켰습니다.

세상일이란 게 모두 그렇듯, 공짜는 없었겠지요. 저의 이러한 고집 때문에 적지 않은 고생을 감수할 수밖에 없었던 가족들에게 미안한 마음을 감출 수 없습니다. 벌레 나온다며 갖다 버리라던 어머니. 그 어머니의 눈을 피하기 위해 현관을 들어오기 전 장독대에 올려놓았다가 밤비 맞고 잃어버린 숱한 책들. 이제는 즐거운 추억이 되고 말았습니다. 이번 전시회의 제목을 '40년-108번뇌'로 정했다고 하자 집사람의 반응은 매우 싸늘했답니다. 40년 넘게 실컷 즐기더니 이제 와서 '번뇌덩어리'라는 게 말이 되느냐고.

그러나 언젠가 글에서도 밝혔듯, 가장 감사한 분들은 저와 冊을 맺어준 헌책방 주인분들이십니다. 연신내 중앙서점(행운서점) 김방호 님, 일문서점 유화종 님, 문화당 박상우 님을 비롯하여 장승백이, 신촌, 신림동, 공릉동, 삼선교, 잠실, 청계천, 인사동에 이르기까지 수많은 분들께서 도와주셨기에 冊을 지킬 수 있었습니다. 그 분들께 거듭 감사의 마음을 전합니다.

장서가의 '전설'인 하동호, 백순재, 안춘근 이런 분들도 '소장도서 전시회'를 연 적은 없는 것으로 알고 있습니다. 그러니 저 같은 하룻강아지가 이런 전시를 한다는 것 자체가 넌센스라 생각합니다. 하지만 세상이 바뀌었고, 문화도 달라졌습니다. 도서관을 가도 볼 수 없는 희귀자료를 이런 자리를 통해 체험할 수 있다면 소장가로서도 더 없는 기쁨이라 확신합니다. 그것을 가능하게 해주신 화봉문고 여승구 대표님께 깊이 감사드리며, 항상 수호천사가 되어주는 소명출판의 박성모 대표, (주)대일광업의 김현식 사장께도 고마운 마음 전합니다. 또한 이번 전시를 위해 전시 이미지를 목판각으로 아름답게 꾸며주신 홍선웅 판화작가께도 깊이 감사드립니다. 물론 제일 고마운 분들은 전시장을 찾아주신 여러분들이십니다.

끝으로 아흔을 넘기신 부모님 두 분과 집사람의 노고 덕택에 이 자리가 있을 수 있었음에 절하지 않을 수 없습니다. 고맙습니다.

2017년 8월 9일 오영식 謹志

『근대서지』라는 기이한 책은 누가 만드는가?

'서지학'이라고 하면 수백 년 전 과거를 떠올리고 금속활자, 목판본, 필사본에 두루 통달한 전문가들에게나 '서지학자'라는 격조 높은 칭호가 붙여지던 때가 있었다. 하지만 시나브로 시대가 크게 변했다. 19세기 후반 현대의 인쇄문화가 시작한 이래 간행된 서적들도 그 못지않게 대접을 받는 세상이 되었다. 우리가 다 알 만한 시집, 소설집이 깜짝 놀랄 만한 가치를 지녔음을 알려주는 뉴스가 나온 지도 이미 오래이다. 근대의 서적들도 귀하게 아껴야 하는 것은 자못 당연한 것이다. 우리가 지금 누리고 있는 모든 지식문화의 선배들이기 때문이다. 무엇보다 그 책들을 통해 한국의 근대가 어떤 경로로 오늘에 이르렀는지 알게 되니 어찌 보면 가깝기에 더 살가운 느낌을 주는 측면도 없지 않다.

하지만 일백년 안쪽의 물건이라고 해서 흔하거나 쉽게 눈에 띄는 것은 결코 아니다. 많은 이들의 관심을 받는 것들은 더욱 그러하다. 우리나라처럼 그야말로 격동의 시간을 겪은 사회는 뭐든지 제대로 남아있기가 어렵기 때문이다. 만일 평생 시간과 정력을 쏟아 책을 수집하고 정리해온 분들이 없었다면, 책을 통해 우리 시대의 기원과 그 변화상을 살피기는 더욱 어려웠을 것이다. 그런데 이 귀한 일을 해온 많지 않은 분 가운데 한 사람이 바로 오영식 선생이다. 그는 한평생 교직에 헌신하면서 시간을 쪼개고 정성을 기울여 '책'이라는 문화의 정수를 모아왔다. 이러한 각고의 노력의 일면을 사회에 내놓고 두루 나누어보자는 취지로 오늘의 소장도서 전시회, 이름하여 〈40년-108번뇌〉가 준비되었다. 제목이 전달하는 느낌이 의미심장하니 그 고생과 또 한편의 기쁨이 어떠했을지 대강은 짐작이 간다.

오영식 선생의 공덕은 학문을 연구하는 이들과 책을 모으는 분들 사이에서 이미 널리 알려져 있다. 특히 기이하다고 밖에 말할 수 없는 『근대서지』의 편집책임을 맡아 지불한 그의 수고는 책의 실물을 보지 않고서는 짐작할 방법이 없다. 소명출판 사장 박성모 선생의 독지로 간행되는 그 잡지의 면모는 단연코 시중에서 비슷한 사례를 찾기 어렵다. 일천 면을 넘나드는 지면, 각종 형식의 조사와 연구 보고서들, 무엇보다 범상치 않은 자료들의 범람을 읽고 있노라면 우리가 살아왔던 근대의 지층이 이리 두터웠는가 하는 탄식을 하게 된다. 일년에 두 번 간행되는 책의 지령이 이미 15호에 이르렀으니 그간 오 선생께서 흘린 땀의 무게를 가히 짐작하고 남음이 있다.

전시된 책은 그 종류와 내용에서 근대 한국이 이룩한 지식문화의 전체상에 육박한다. 근대계몽기부터 해방기에 이르기까지 다양한 방면의 좋은 책들이 망라되어 있어 보는 것만으로도 눈이 커지고 앎이 깊어진다. 제목만 익숙하던 책들의 실물을 대하며 지식의 '물질성'을 체험하는 것이 중요하다는 것도 새삼 깨닫게 된다. 전시물 가운데 문학작품 목록은 그대로 한국 근대문학사의 일단을 착실히 구성하고도 남는다. 해방기 잡지 자료군은 탈식민이 문화의 르네상스로 연결되었음을 여실히 증언한다. 이광수와 최남선의 저작들을 일목요연하게 만나는 것도 쉽지 않은 일이니 눈여겨보길 바란다. 그 자리 어딘가에서 초기 근대문학의 특이한 존재인 잡지 『신청년』을 만날 수 있다는 점도 각별히 기록해 둔다.

말이 길어져 오영식 선생이 애써 차린 책의 성찬에 누가 될까 걱정스럽다. 아무쪼록 많은 분들이 구경하시고 한국 근대문화의 정화를 살피는 좋은 기회가 되기를 간절히 바란다.

한기형 (韓基亨, 성균관대 교수)

실증과 해석 사이

오영식 선생님은 교육자이자 장서가(藏書家)이시다. 삼십육 년의 교단생활을 마무리하면서 이번에 도서전시회를 여신다고 한다. 그야말로 일언이폐지(一言以蔽之)하고 축하할 일이다.

박봉으로 책을 모은다는 것, 그것 자체만으로도 나는 그런 장서가들을 존경한다. 그런데 감히 말하건대, 오영식 선생님이 여느 장서가와 다른 점이 있다면, 한국문학연구자들과 끊임없이 '대화'를 나누고 계시다는 점이다. 그 '대화'는 원본 자료를 제공하는 것부터, 새로운 자료를 발굴해 관련 연구자들에게 이메일로 '퀵배송'하는 것, 자료의 정확한 연대(기)를 알려주는 것, 부정확하고 오류 가득한 자료들이 방치된 채 계속 연구자들에게 인용되는 것들을 바로잡아주는 것 등에 이른다. '대화'는 『해방기(1945~1950) 간행도서 총목록』(소명출판, 2009), 『틀을 돌파하는 미술』(소명출판, 2012), 『김광균문학전집』(소명출판, 2014)으로 이어졌고 아마 그 '대화'의 정점은 2010년부터 지금까지 계속해서 간행하고 있는 『근대서지』(소명출판, 총 15호 발간)일 것이다.

보성고등학교 본관 건물 4층에 위치한 오영식 선생님의 서고(書庫) '역사자료실'에 들르면 책벌레의 음습으로 퀴퀴해지고 세월의 때에 묻혀 낡아버린 책냄새보다 먼저 반겨주는 것은 선생님의 굽은 어깨이다. 선생님은 언제나 늘 무엇인가를 입력하고 오려붙이고 메모하고 수정하고 계신다. 그런 고답적이고 고전적인 분위기는 선생님이 혹 문학연구자들에게 특별히 도움을 주는 장서가가 아니었어도 선생님과 연구자들과의 '서정적 연대'를 충분히 가능하게 했으리라.

나 또한 그러했다. 홀로 고독하게 등잔불을 지키며 밤새 문학 텍스트의 심원한 동굴을 파헤치는 문학연구자의 이미지 또한 고전적이고 고루하지만 한편으론 또 얼마나 신비하고 감미로운 것이었던지. 이 '황홀한 낭비'에 기꺼이 참여하겠다는 '과격한 열망'은 늘 부족한 자료와 실증적인 오류 때문에 단숨에 무너지곤 했다. 거기에 발로 뛰지 못하는 본인의 몸에 밴 게으름이 한몫했음은 두말 할 나위도 없다.

그간 선생님께 받은 도움은 계량할 수 없을 정도로 크다. 자료를 보여주시고 확인해주시고 오류를 잡아주시고 등등. 장서가와 문학연구자 사이에는 '실증'과 '해석'의 다리가 있다. 그 어떤 '해석'도 '실증'의 영토를 벗어나기 어렵다. 정확한 연대기와 실증 위에 비로소 심원하고 독창적인 해석이 건축된다. 한국문학(사)의 실증의 오류는 곧 해석(학)의 오류이기도 하다. 그것은 여전히 진행중이다. 오영식 선생님은 그간 한국문학연구자들에게 자료와 실증의 '파트론(patron) 역할'을 해오셨다.

오늘도 우리는 근대문학사의 숲으로 간다. 근대문학사의 숲은 미지의 대지이다. 이 대지에 아직 뿌리내리지 못한 나무들이 있다. 여전히 모습을 드러내지 않은 혹은 못한 숱한 자료들이 그것이다. 그 숲에 우리 문학연구자들과 장서가들이 함께 서있는 것이다. 우리문학사의 걸출한 이름들, 내가 좋아하는 김안서, 김소월, 한용운, 정지용, 김기림, 이상, 백석, 김영랑 같은 시인들의 이름으로 그 숲은 더욱 신비하고 무성해지리라.

선생님위 정년퇴임을 앞두고 열리는 이번 전시회가 '활자를 사랑하는 자들'을 품어 안는 최고의 선물이 되리라 믿는다.

조영복 (광운대 동북아문화산업학부 교수, 평론가)

I

전시 목록

一泊
드세요불이다
HOTEL
BAR
一새
CAFE
アホロピー
屋 면냉
정화앙
금강酒
파라마운드
重映
약화소
丹信
理料
房 藥

소위 '최초' 출판물

1	『한불ᄌ뎐韓佛字典』	파리외방선교회, 요꼬하마인쇄소, 1880
2	『農政撮要』	鄭秉夏, 광인사, 1886.05
3	『西遊見聞』	유길준, 交詢社, 동경, 1895.04.25
4	『소년 1』	신문관, 최창선 편발, 1908.11.01
5	『文純公李退溪先生』(청년문고2)	신문사 편발, 1915.10.05
6	『창조 2』	주요한 편발, 창조사, 동경, 복음인쇄, 1919.03.20
7	『해파리의 노래』	김억, 조선도서주식회사, 1923.06.30
8	『사랑의 불꽃』	노춘성, 청조사, 1925.02.14(四)
9	『沙上散筆』	김억, 白熱社, 1925.11.25
10	『百八煩惱』	노수현 장정, 최남선, 동광사, 1926.12.01

(혹시) '유일본?'

11	『愛人의 선물』	김명순, 회동서관, 109쪽 이하,판권 낙장, 1929??
12	『實演童話 1집』	손일봉 장정, 沈宜麟, 이문당, 1933.02.20
13	『신청년 3』	경성청년구락부, 李泉雲 편발, 1920.08.01
14	『신문예 2』	안석영 장정, 신문예사, 李癸薰 편발, 1924.03.01
15	『鐘 3』	鐘社, 부산, 兪東濬 편발, 1928.05.18
16	『조선강단 2-1』	조선강단사, 申琳 편발, 1930.01.01
17	『조선운동 1』	조선운동사, 동경, 洪陽明 편발, 同聲社인쇄부, 1928.02.20
18	『어린이세상 13호』(『어린이』 4-10호 부록)	개벽사, 1926.12.1
19	『黑鷹山 1』	一六同進會(팝푸렐), 1946.04.00??

사전과 한국학 연구서

20	『법한ᄌ뎐法韓字典』	알레베끄, Seoul Press, 1901.00.00
21	『아학편』	정약용 著, 지석영 註釋兼發行, 광학서포, 1908.03.00
22	『국한문신옥편』	야소교서원, 鄭益魯 편발, 평양, 1909.03.25
23	『한영ᄌ뎐』	게일, 야소교서회, 1911.06.12
24	『한영대자전』	奇一, 조선야소교서회, 1931.02.13(三)
25	『字典釋要』	지석영, 회동서관, 1916.02.18(11)
26	『조선어사전』	조선총독부, 편발, 1920.03.30
27	『英鮮字典』	元漢慶, 조선야소교서회, 1925.07.30
28	『조선어사전』	문세영, 조선어사전간행회, 1938.7.10
29	『조선말큰사전 1』	조선어학회, 을유문화사, 1949.7.1(재)
30	『표준조선말사전』	이윤재, 김병제 편, 아문각, 1947.12.20

개화기 출판물

주시경과 이해조

이광수와 최남선

한국의 잡지(1)

한국의 잡지(2)

잡지 속의 문학작품

시집

202	『초토의 詩』	이중섭 표지, 구상, 청구출판사, 1956.12.20
203	『박인환선시집』	박인환, 산호장, 1955.10.15
204	『김현승시초』	서정주 장정, 김현승, 문학사상사, 1957.12.10
205	『달나라의 장난』	김수영, 춘조사, 1959.11.30
206	『아사녀』	인병선 장정, 신동엽, 문학사, 1963.03.01
207	『적막강산』	김영주 장정, 이형기, 모음출판사, 1963.07.01
208	『사물의 꿈』	이중한 구성, 정현종, 민음사, 1972.05.25
209	『농무』	신경림, 월간문학사, 1973.03.05

소설집

210	『타락자』	현진건, 조선도서(주), 1922.11.13, 판권,뒤표지 낙장
211	『향일초』	홍난파, 박문서관, 1923.07.25
212	『幻戱』	나도향, 조선도서주식회사, 1923.08.05
213	『南邦의 處女』	염상섭 역술, 평문관, 1924.05.01(재)
214	『견우화』	나혜석 장정, 염상섭, 박문서관, 1924.08.25
215	『영화소설 유랑』	임화 장정, 이종명, 박문서관, 1928.07.30
216	『영화소설 첫사랑의 시절』	박루월, 박문서관, 1930.09.20
217	『홍염』	최서해, 삼천리사, 1931.05.15
218	『달밤』	김용준 장정, 이태준, 한성도서, 1934.07.10
219	『감자』	김동인, 한성도서, 1935.02.02
220	『상록수』	이상범 표지, 심훈, 한성도서, 1936.08.28
221	『鼠火』	강호 장정, 이기영, 동광당서점, 1937.07.22
222	『소설가구보씨의 一日』	정현웅 장정, 박태원, 문장사, 1938.12.07
223	『임거정』	홍명희, 조선일보사, 1939.11.25, 을유문화사, 1948.11.15
224	『황순원단편집』	황순원, 한성도서, 1940.08.26
225	『천변풍경』	정현웅 장정, 박태원, 박문서관, 1941.05.20(재)
226	『천변풍경』	박문원 장정, 박태원, 박문출판사, 1947.05.01
227	『삼대上』	길진섭 장정, 염상섭, 을유문화사, 1947.11.25
228	『태평천하』	김규택 장정, 채만식, 동지사, 1948.12.05
229	『어머니』	김호성 장정, 이기영, 영창서관, 1948.12.20
230	『사랑의 수족관』	정현웅 장정, 김남천, 평범사, 1949.02.22
231-232	『탁류上下』	채만식, 민중서관, 1949.03.05

수필집 희곡집 평론집

| 233 | 『백두산등척기』 | 안석영 표장, 안재홍, 유성사서점, 1931.06.30 |
| 234 | 『탐라기행 한라산』 | 정현웅 장정, 이은상, 조선일보사출판부, 1937.12.04 |

아동 기타

II

화보

『창조2』
창조사, 동경(주요한 편발, 복음인쇄),
1919.03.20

『西遊見聞』
유길준, 交詢社, 동경,
1895.04.25

『沙上散筆』
김억, 白熱社, 1925.11.25

『한불즈뎐韓佛字典』
파리외방선교회,
요꼬하마 인쇄소, 1880

『愛人의 선물』
김명순, 회동서관,
109쪽 이하, 판권 낙장, 1929??

『實演童話 1집』
손일봉 장정, 沈宜麟, 이문당, 1933.02.20

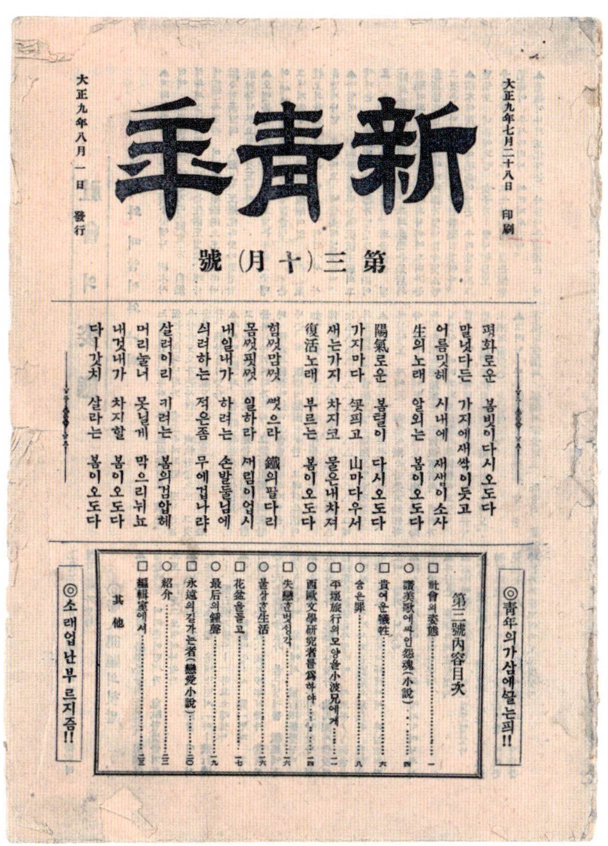

『신청년 3』
경성청년구락부(李泉雲 편발), 1920.08.01

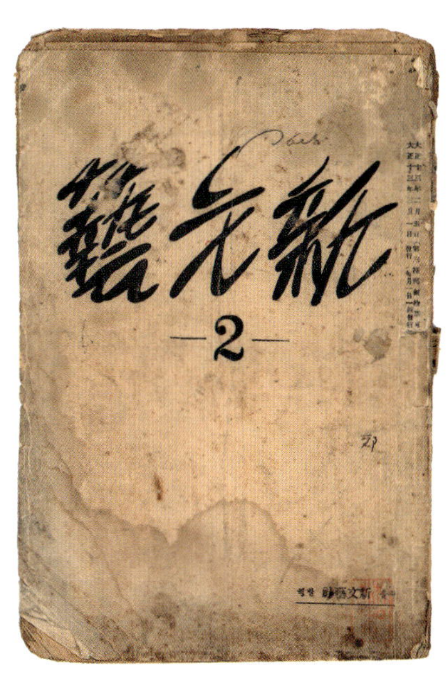

『신문예2』
안석영 장정, 신문예사(李癸葉 편발),
1924.03.01

『조선강단 2-1』
조선강단사(申琳 편발),
1930.01.01

『黑鷹山 1』
一六同進會(팜푸렡), 1946.04.00??

『법한즈뎐法韓字典』
알레베끄, Seoul Press, 1901.00.00

『한영즈뎐』
게일, 야소교서회, 1911.06.12

『아학편』
정약용 著, 지석영 註釋兼發行.
광학서포, 1908.03.00

『조선문학사』
안자산, 한일서점, 1922.04.05

『朝鮮産蝶類總目錄』
석주명, 조선기독교서회, 1940.06.11

『우리말본』
최현배, 연희전문학교출판부, 1937.02.20

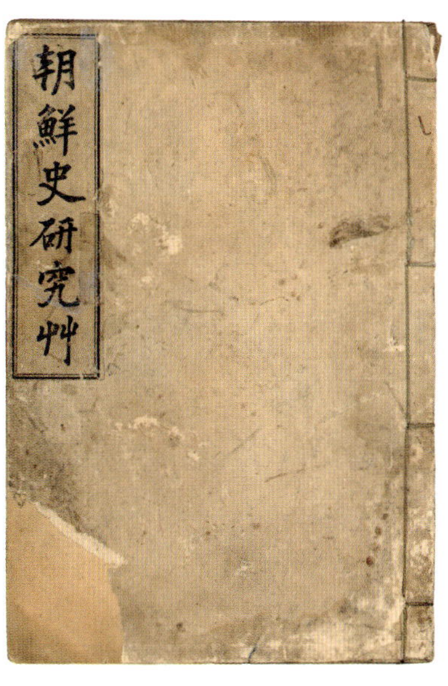

『朝鮮史研究艸』
신채호, 조선도서(주), 1929.06.15

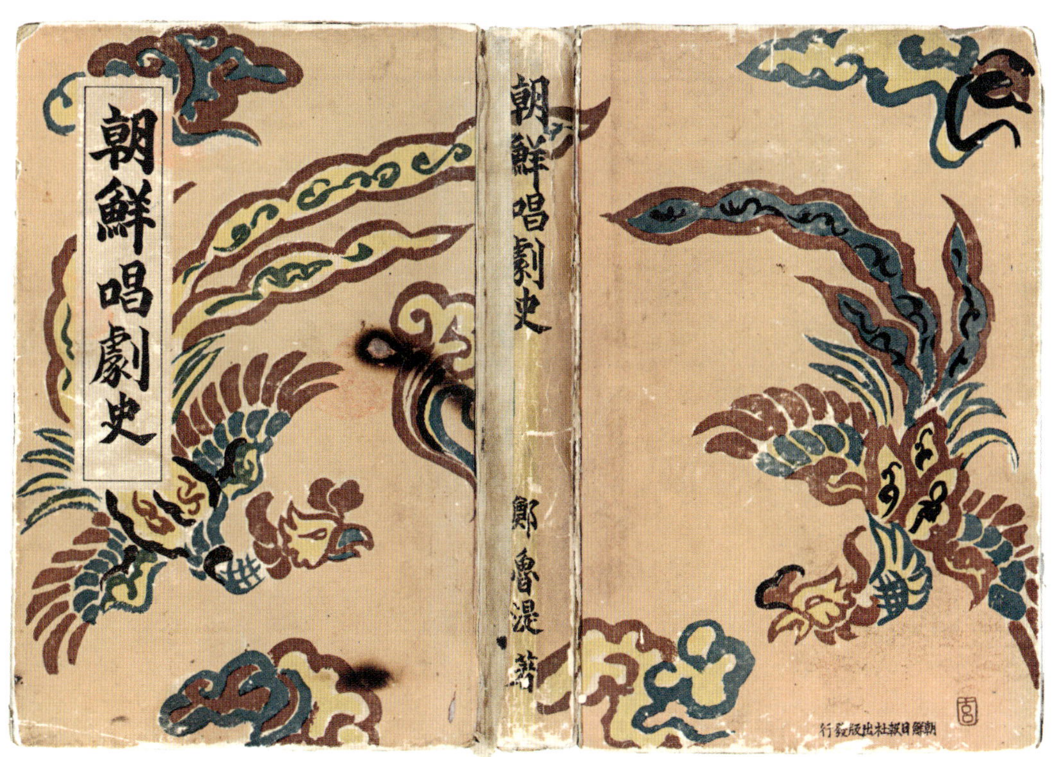

『朝鮮唱劇史』
정현웅 장정, 鄭魯湜, 조선일보사출판부, 1940.01.18

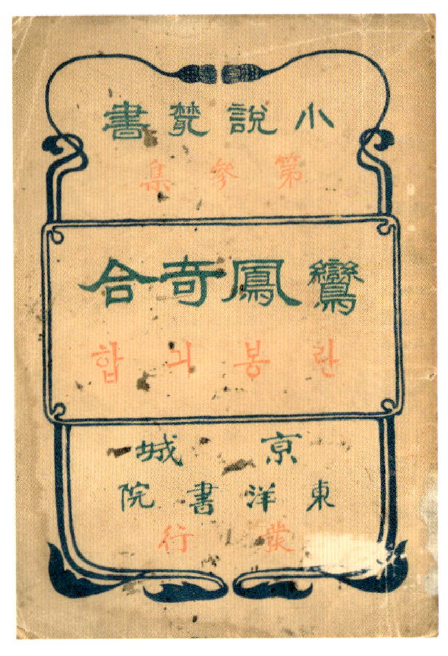

『란봉기합』
김교제, 동양서원, 1913.05.25

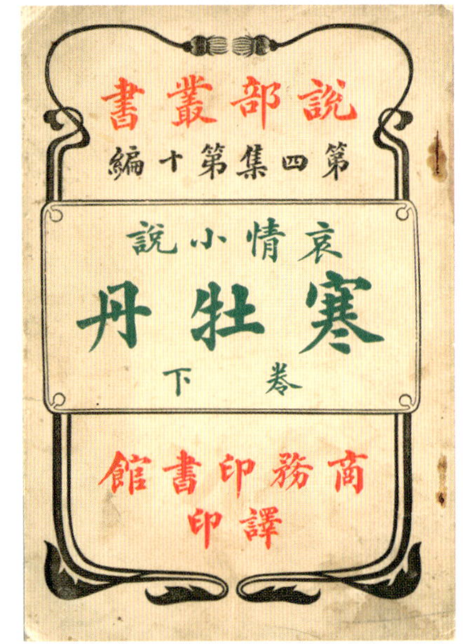

『寒牡丹(下)』
尾崎紅葉 원작, 錢塘吳檮 역술,
상무인서관, 1907, 계춘월(재)

『치악산(하편)』
김교제, 동양서원, 1911.12.30

『자랑의 단추』
최창선, 신문관, 1912.10.15

『강감찬전』
禹基善, 현공렴, 1908.07.15

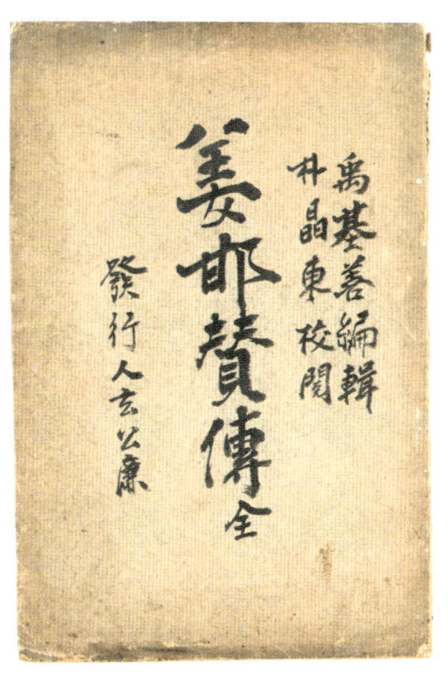

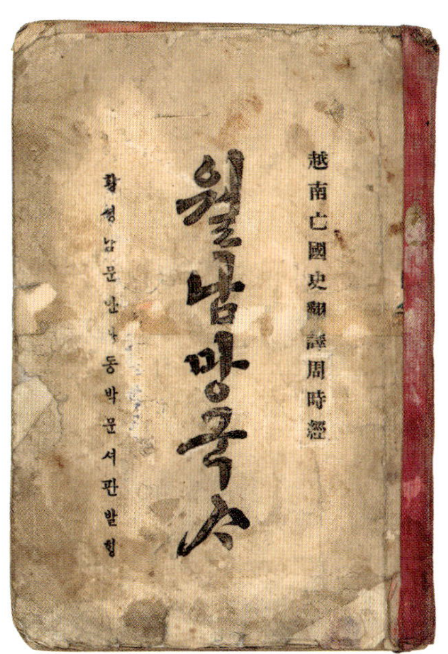

『월남망국사』
박문서관, 1907.11.30

『말의 소리』
신문관, 1914.04.13

『옥중화』
보급서관, 1914.02.05(추정)

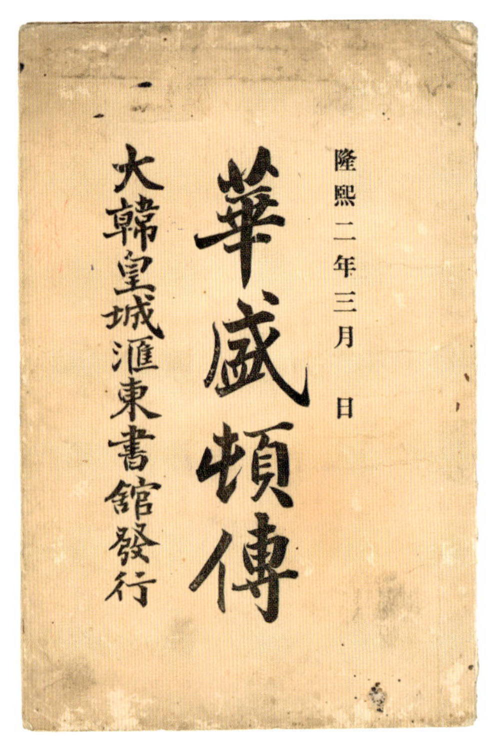

『화성돈전』
회동서관, 1908.04.00

『花의 血』
오거서창, 1918.03.13(재)

『구의산』
박문서관, 1925.2.15(9版)

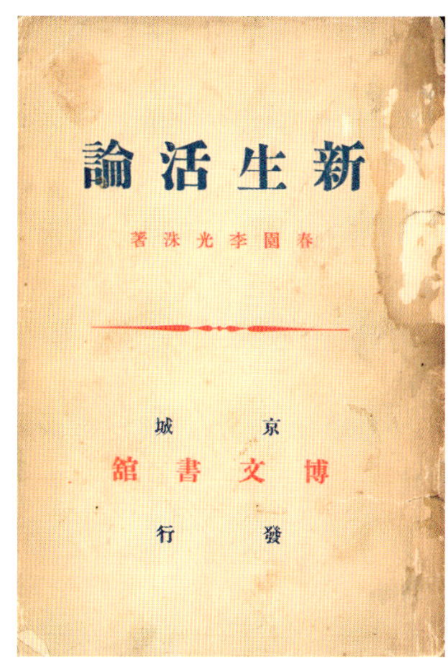

『신생활론』
박문서관, 1926.10.05

『어둠의 힘』
톨스토이, 이광수 역, 중앙서림, 1923.09.05

『조선의 현재와 장래』
흥문당서점, 1923.10.17

『그여자의 일생』 후편
이주홍 장정, 영창서관, 1936.03.04(재)

『사랑』 후편
정현웅 장정, 박문서관, 1939.03.03

『조선유람가』
김창섭 표지,
한성도서, 1928.08.20

『尋春巡禮』
고희동 표지, 백운사, 1926.05.10

『금강예찬』
한성도서, 1928.07.05

『朝陽報』 제2호
조양보사(沈宜性 편발), 1906.07.10

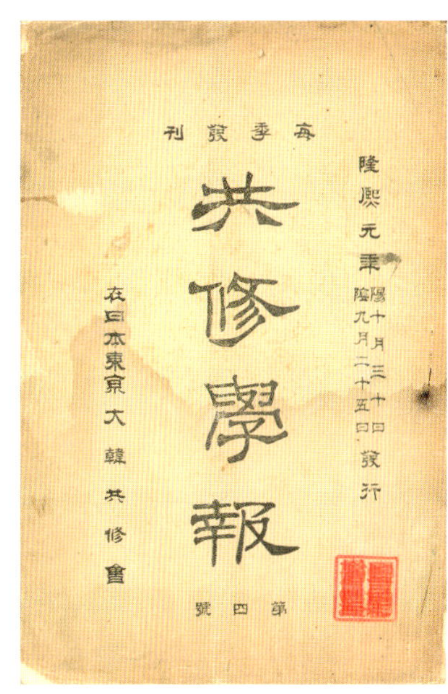

『공수학보 4』
대한공수회동경(姜荃 편, 趙鏞殷 발, 明文舍印),
1907.10.30

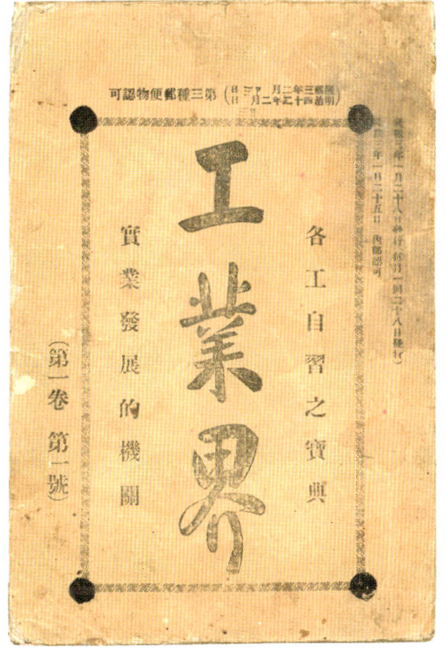

『공업계 1』
공업월보사
(신규식사장겸 편, 박찬익 발,
우문관印), 1909.01.28

『신문계 1-7』
신문사(竹內錄之助 편발,
대동인쇄소), 1913.10.05

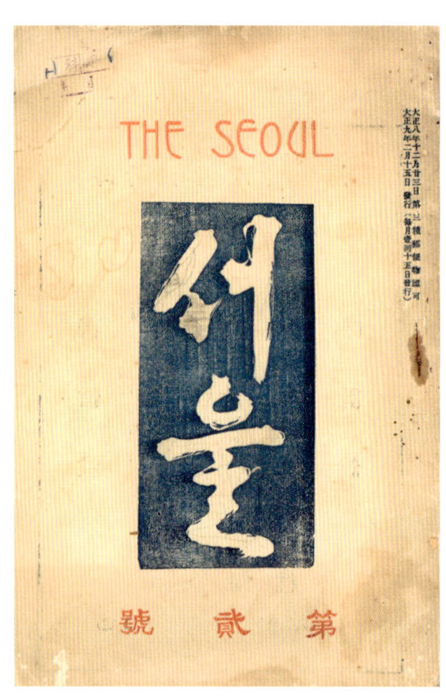

『서울 2』
서울社(장도빈 著發, 신문관印), 1920.02.15

『신한청년 1』
신한청년당상해(박은식 주필, 이광수 편집),
1920.3.1

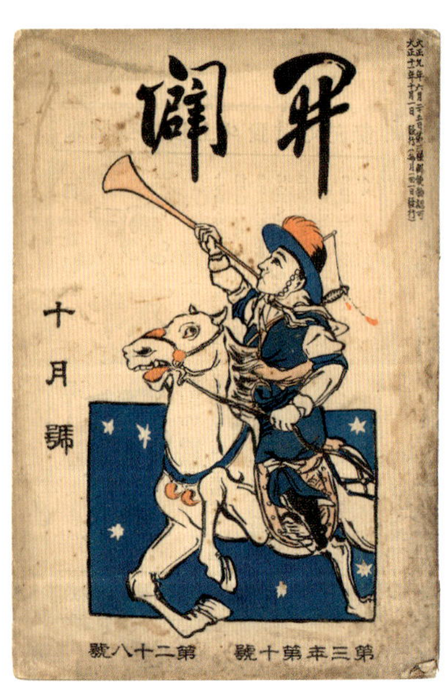

『개벽 28』
개벽사(이돈화 편발, 신문관印), 1922.10.01

『商工世界 2』
안석영 도안, 상공세계사(하석진 발, 현희운 편),
1923.03.01

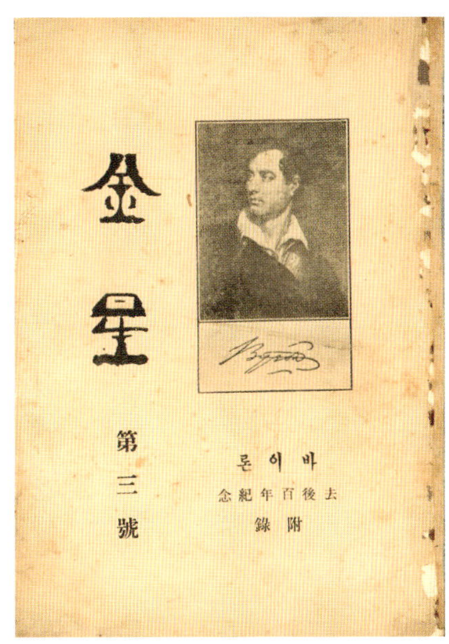

『금성 3』
금성사(양주동 편, 山口誠子 발, 한성도서印),
1924.05.24

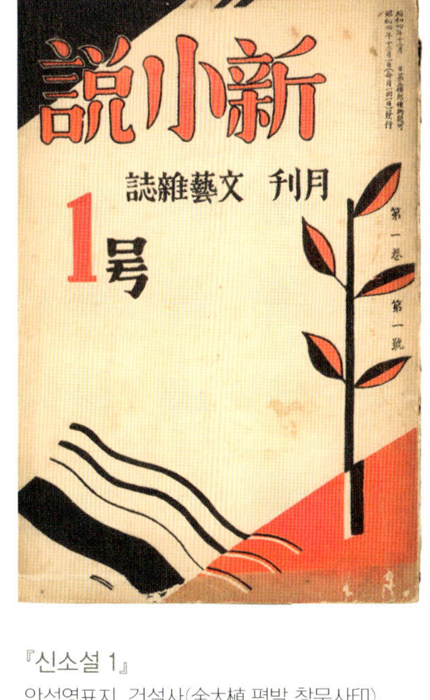

『신소설 1』
안석영표지, 건설사(金大植 편발, 창문사印),
1929.12.01

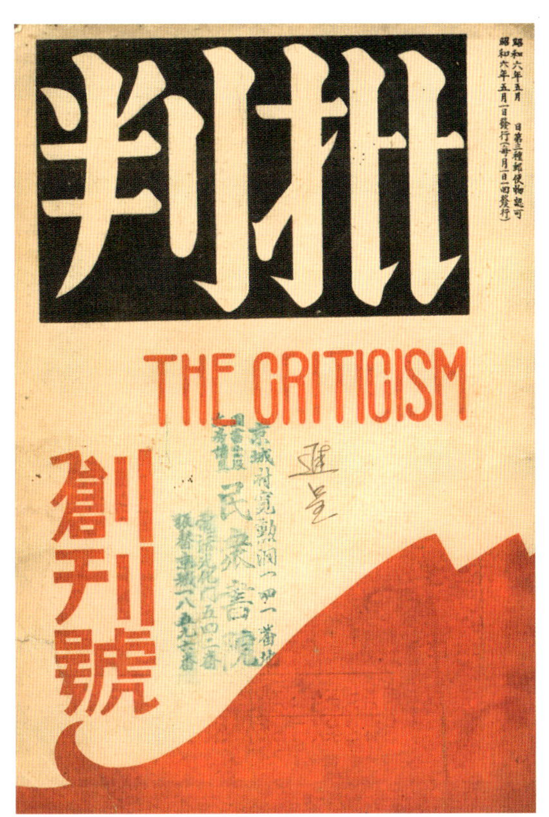

『비판 1』
비판사(宋奉瑀 편발, 평화당印), 1931.05.01

『대중 1』
대중과학연구사(金若水 편발, 大盛堂 인쇄),
1933.04.01

『별건곤 8-7』
개벽사(차상찬 편발, 조선인쇄), 1933.07.01

『중앙 4-9』(폐간호)
노수현 표지, 조선중앙일보사
(尹希重 편발, 대동인쇄), 1936.09.01

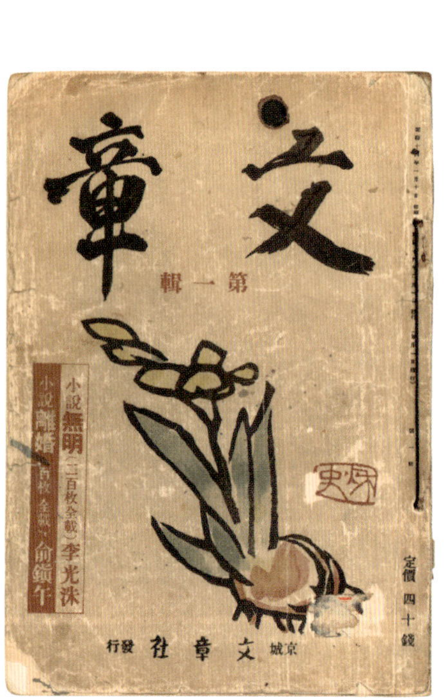

『문장 1』
문장사(金鍊萬 편발, 大東인쇄), 1939.02.01

『모단니폰 10-11 조선판』
모단니폰사(須貝正義 편발印), 동경, 일본어,
1939.11.01

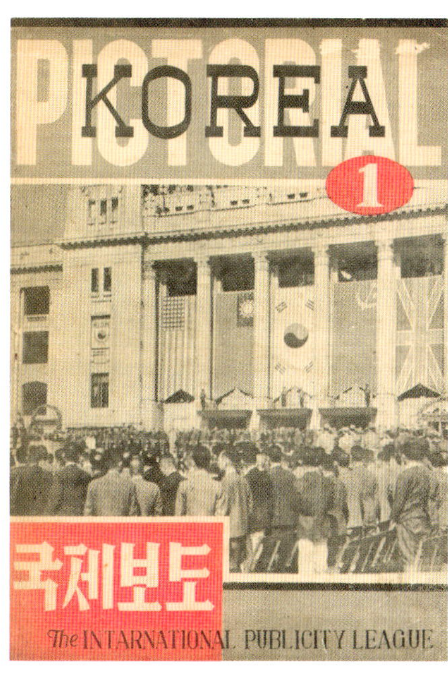

『국제보도 1』
국제보도연맹(송정훈 편발, 고려문화사印),
1945.11.20

『학병1』
임동은 표지, 학병동맹본부(이춘영 편발, 협진印),
1946.01.01

『조선주보 8』
정현웅 표지, 조선주보사(정태양 편발, 조선정판
사印), 1946.01.18

『우리문학 1』
이주홍 표지, 우리문학사(홍구 편발, 협진印),
1946.01.28

『죽순 1』
金命守 표지, 대동서원(죽순시인구락부 편발, 태평출판
사印), 1946.05.01

『조선스포―쓰 2』
조선스포―쓰사(조상원 발, 이순재 편, 고려상사印),
1946.10.10

『문학 3.1기념호』
박문원 표지, 조선문학가동맹(이태준 편발, 조선단식印),
1947.02.25

『신성 4』
신성문화사(송진호 발, 채규철 편, 고려문화사印),
1947.04.01

『새살림 3』
양재헌 표지, 군정청보건후생부(고황경 발, 조선인쇄),
1947.05.03

『신인 5』
최재덕 표지, 청년사(박종대 발, 양철 편, 청년사인쇄부),
1948.03.01

『부인 3-2』
박래현 표지, 부인사(김상덕 편발, 대건인),
1948.04.20

『태백 1』
안고홍 표지, 태백출판사(최종환 발, 안고홍 주간, 보성사인),
1949.12.01

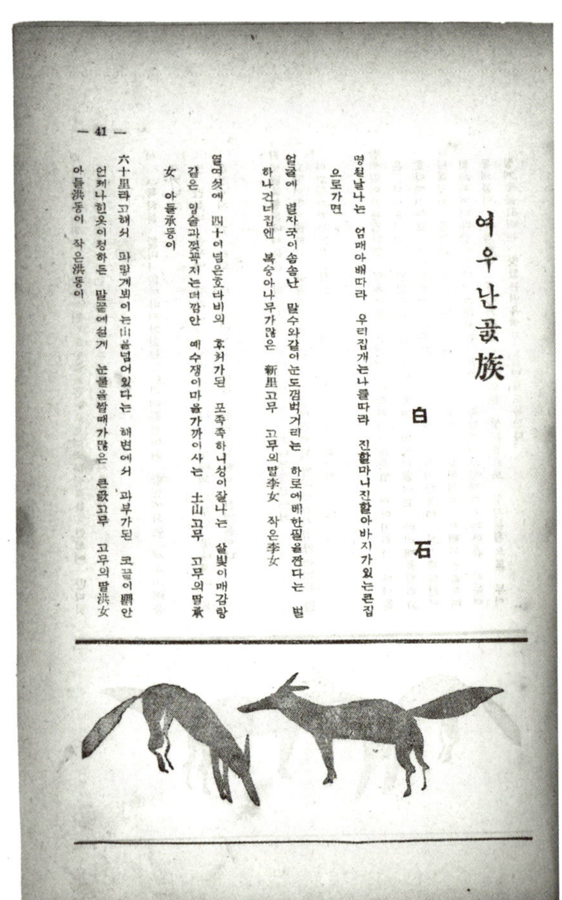

백석, 「여우난곬族」

『조광』(1-2), 1935.12, 41면

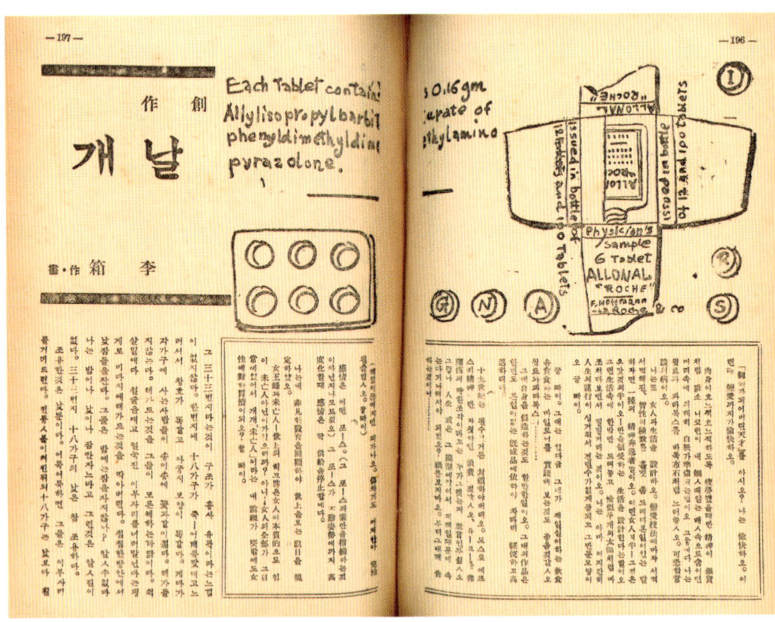

이상, 「날개」

『조광』(2-9), 1936.09, 196-214면

이효석, 「모밀꽃 필 무렵」

『조광』(2-10), 1936.10, 294-301면

이상 「종생기」

『조광』(3-5), 1937.05, 349-363면

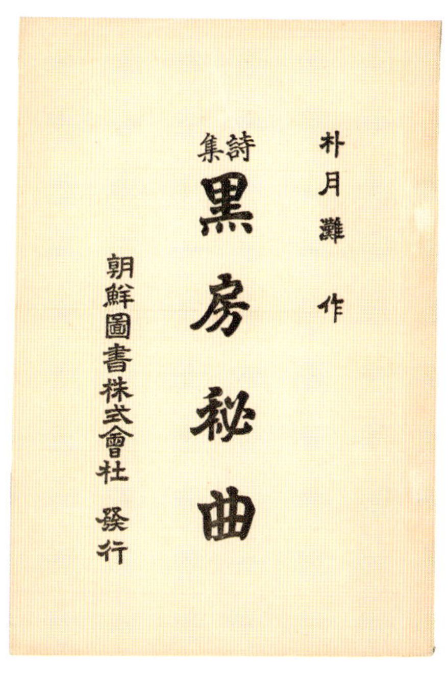

『흑방비곡』

박종화, 조선도서(주), 1924.06.25

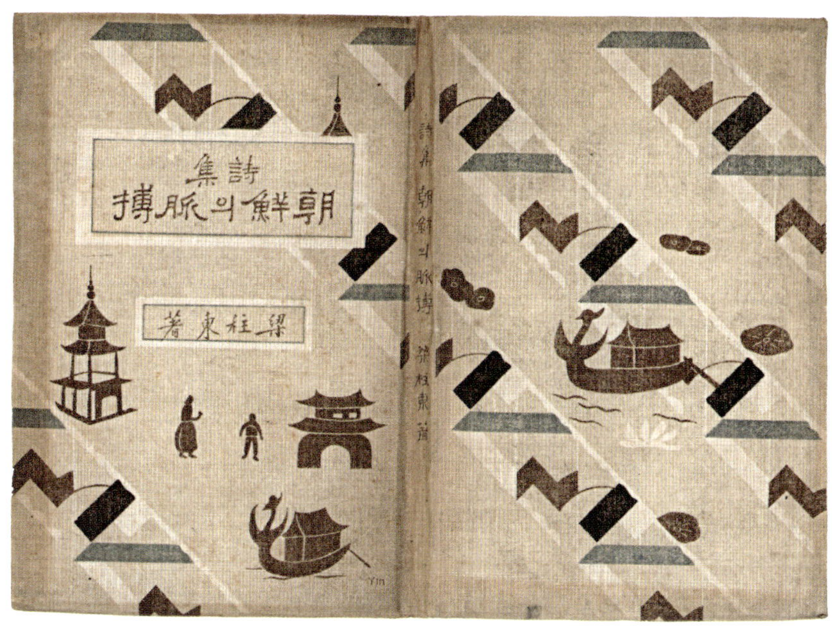

『조선의 맥박』

任用璉 裝幀, 양주동, 문예공론사, 1932.02.26

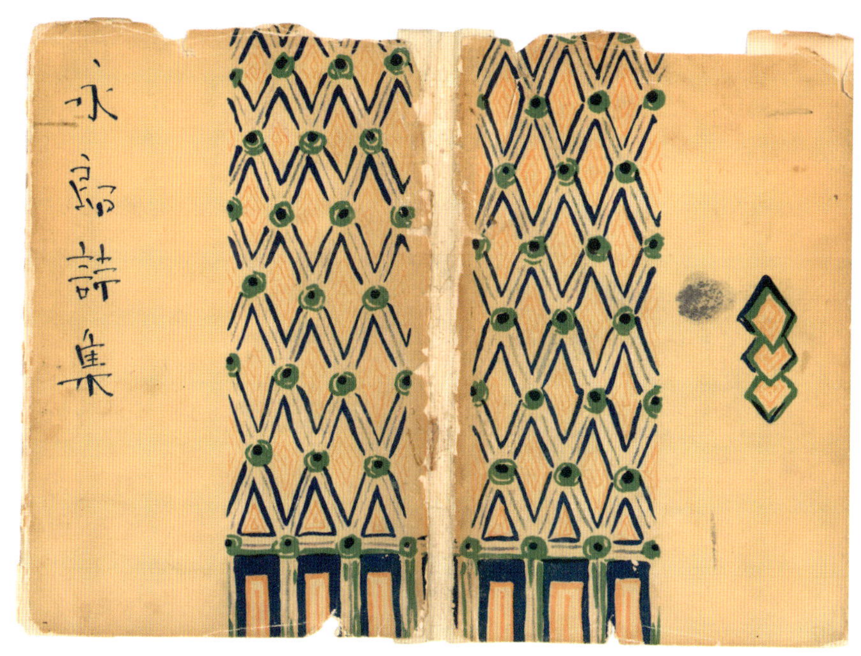

『영랑시집』

김영랑, 시문학사, 1935.11.05

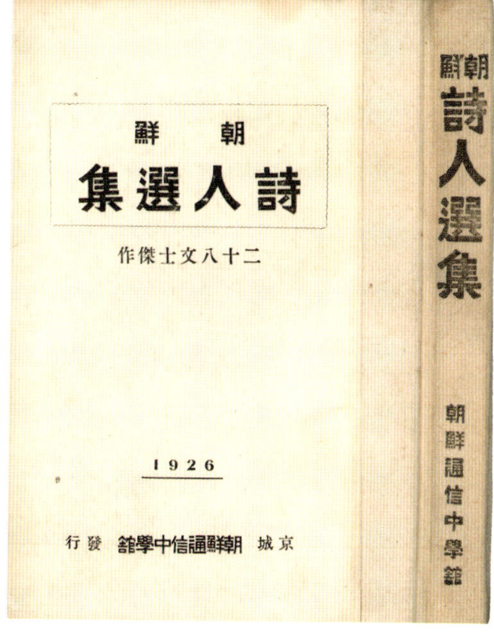

『조선시인선집』

趙台衍, 조선통신중학관, 1926.10.13

『골동품』
황순원 저발, 삼문사 인쇄, 동경, 220부 한정,
1936.05.29

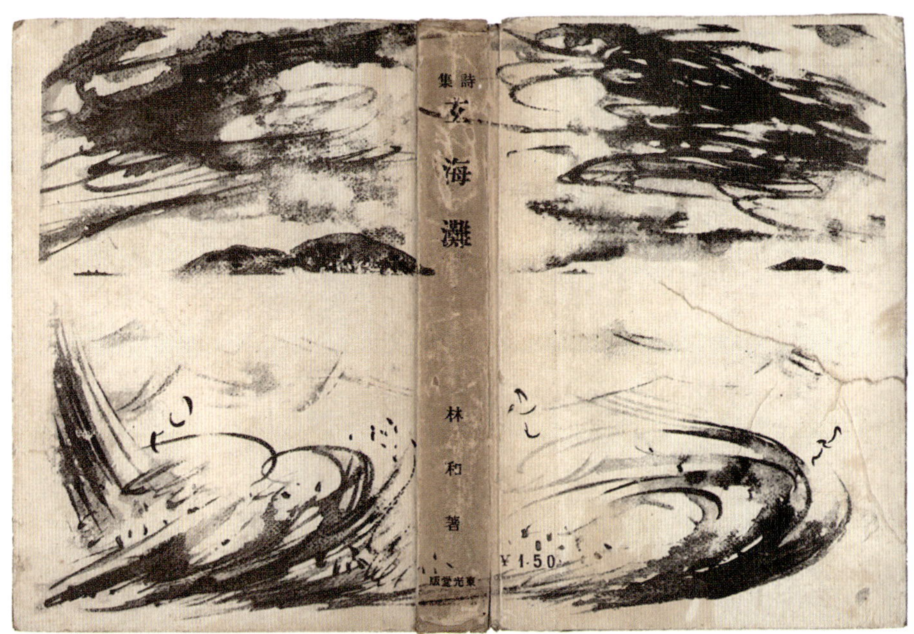

『현해탄』
구본웅 장정, 임화, 동광당서점, 1938.02.29

『獻詞』
오장환, 남만서방, 26/80부 한정, 1939.07.20

『청마시초』
구본웅 장정, 유치환, 청색지사, 1939.12.20

『백록담』
길진섭 장정, 정지용, 문장사, 1941.09.15

『네 동무』
오덕 표지, 이동주 외, 예술문화동맹, 1946.02.10

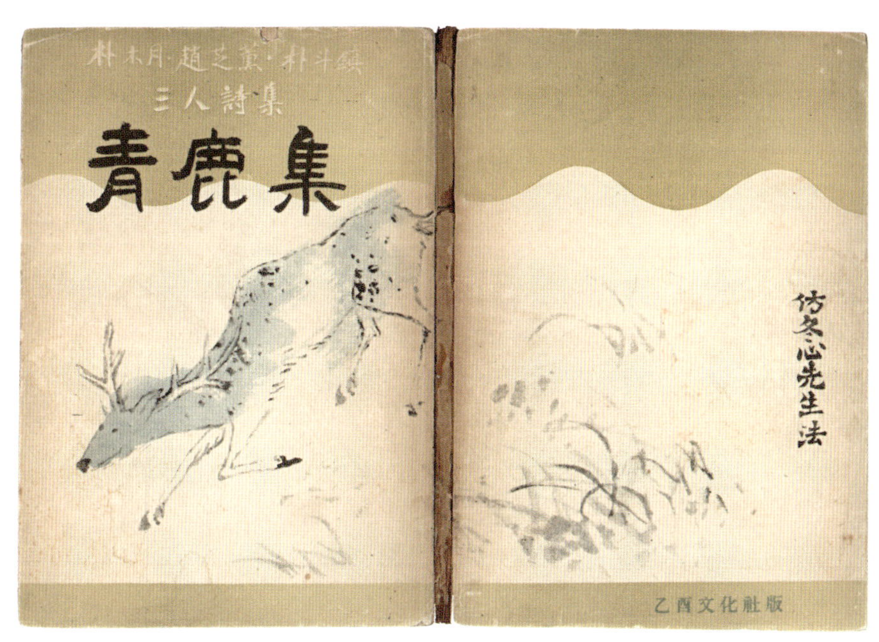

『청록집』
김용준 장정, 박두진 외, 을유문화사, 1946.06.06

『전위시인집』
이주홍 장정, 김광현 外, 노농사, 1946.12.30

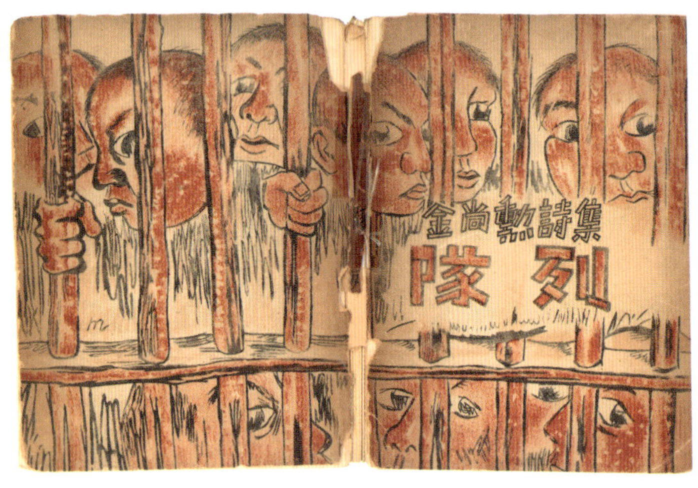

『대열』
2책, 박문원 장정, 김상훈, 백우서림, 1947.05.28⦅초⦆, 1948.06.10⦅재⦆

『생명의 書』
유치환, 행문사, 1947.06.20

『하늘과바람과별과 詩』
이정 재킷판화, 윤동주, 정음사, 1948.01.30

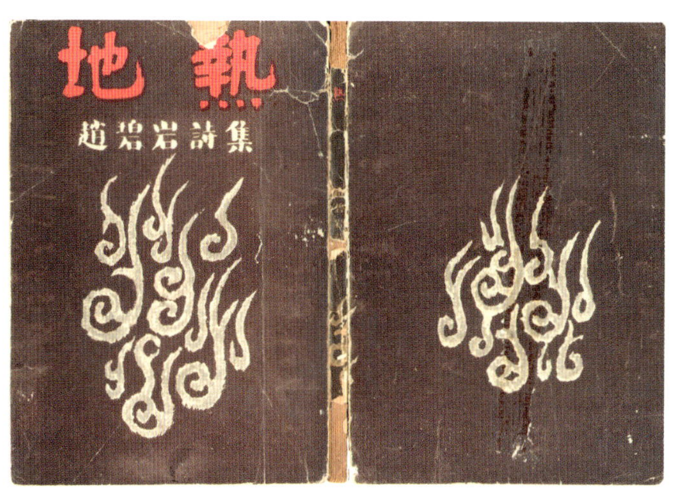

『지열』
김만형 장정, 조벽암, 아문각, 1948.07.25

『새벽길』
최은석 장정, 최석두, 조선사, 1948.08.10

『옥문이열리든날』
최은석 장정, 상민, 신학사, 1948.09.10

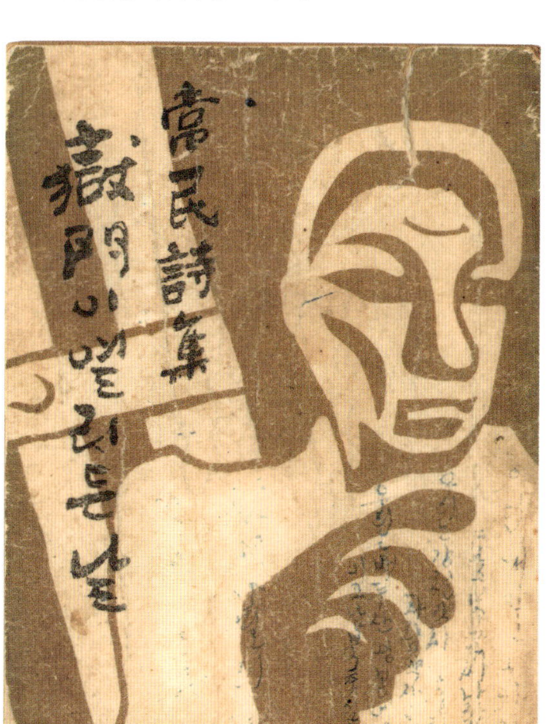

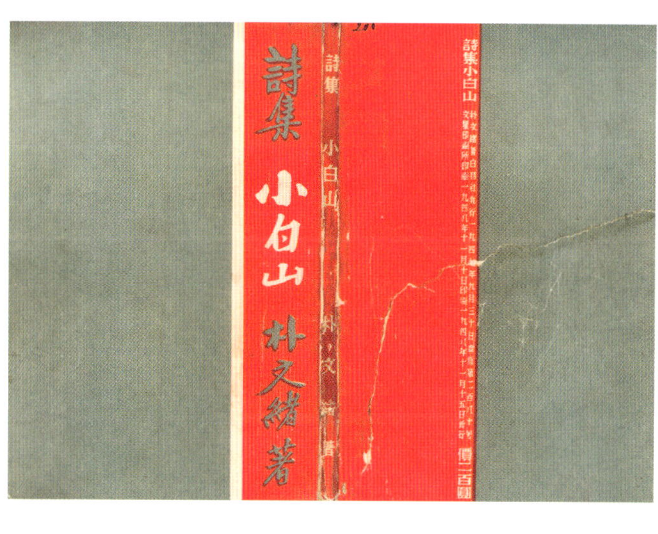

『소백산』
김정걸 장정, 박문서, 백우사, 1948.11.15

『새로운도시와 시민들의합창』
김수영 外, 도시문화사, 1949.04.05

『달나라의 장난』
김수영, 춘조사, 1959.11.30

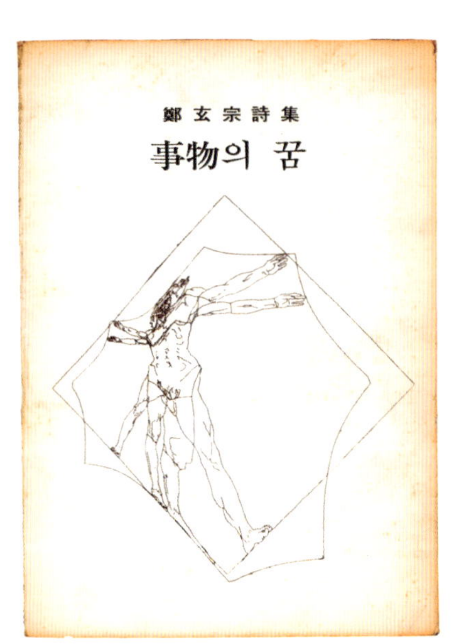

『사물의 꿈』
이중한 구성, 정현종, 민음사, 1972.05.25

『적막강산』
김영주 장정, 이형기, 모음출판사, 1963.07.01

『타락자』
현진건, 조선도서(주), 1922.11.13

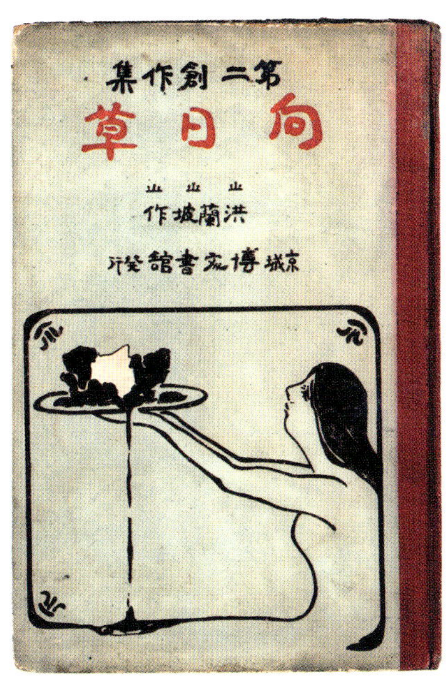

『향일초』
홍난파, 박문서관, 1923.07.25

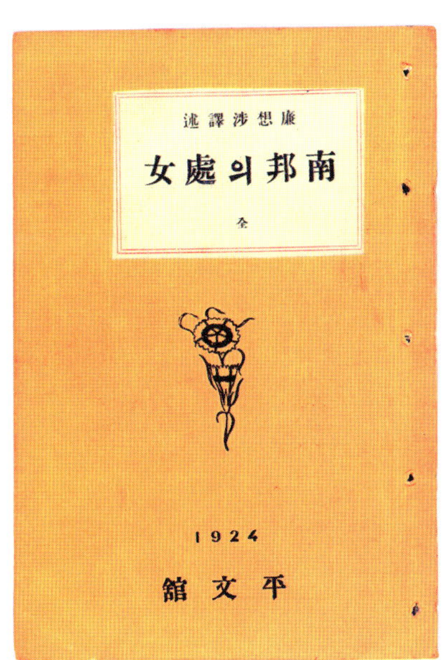

『南邦의 處女』
염상섭 역술, 평문관, 1924.05.01 (재)

『영화소설 류랑』
임화 장정, 이종명, 박문서관, 1928.07.30

『달밤』
김용준 장정, 이태준, 한성도서, 1934.07.10

『감자』
김동인, 한성도서, 1935.02.02

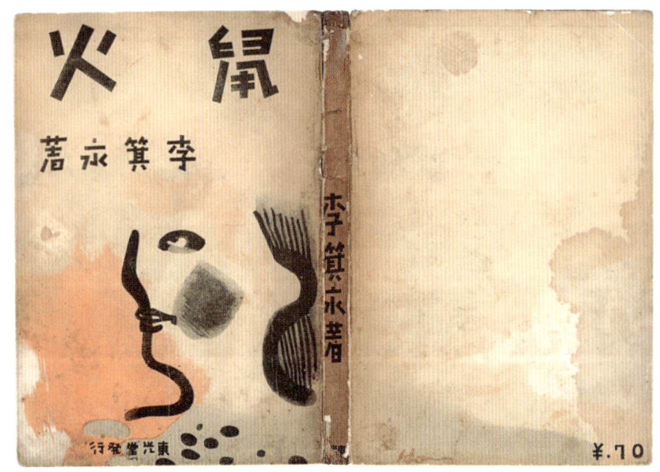

『鼠火』
강호 장정, 이기영, 동광당서점, 1937.07.22

『소설가구보씨의 一日』
정현웅 장정, 박태원, 문장사, 1938.12.07

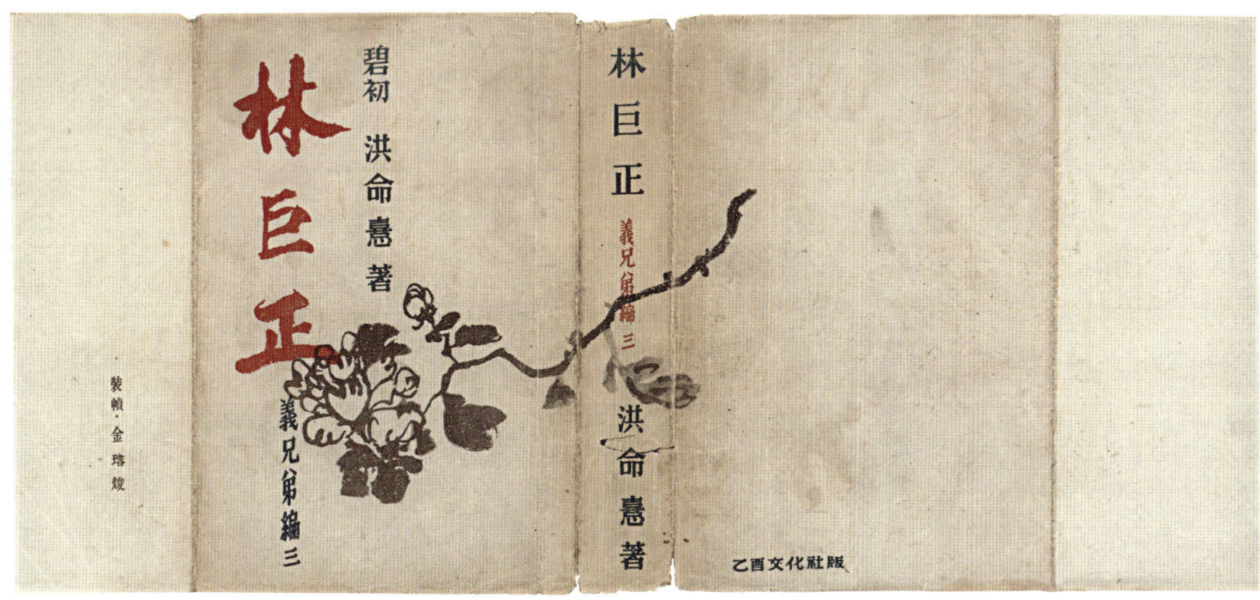

『임거정』 2책+재킷
홍명희, 조선일보사, 1939.11.25, 을유문화사, 1948.11.15
김용준 장정

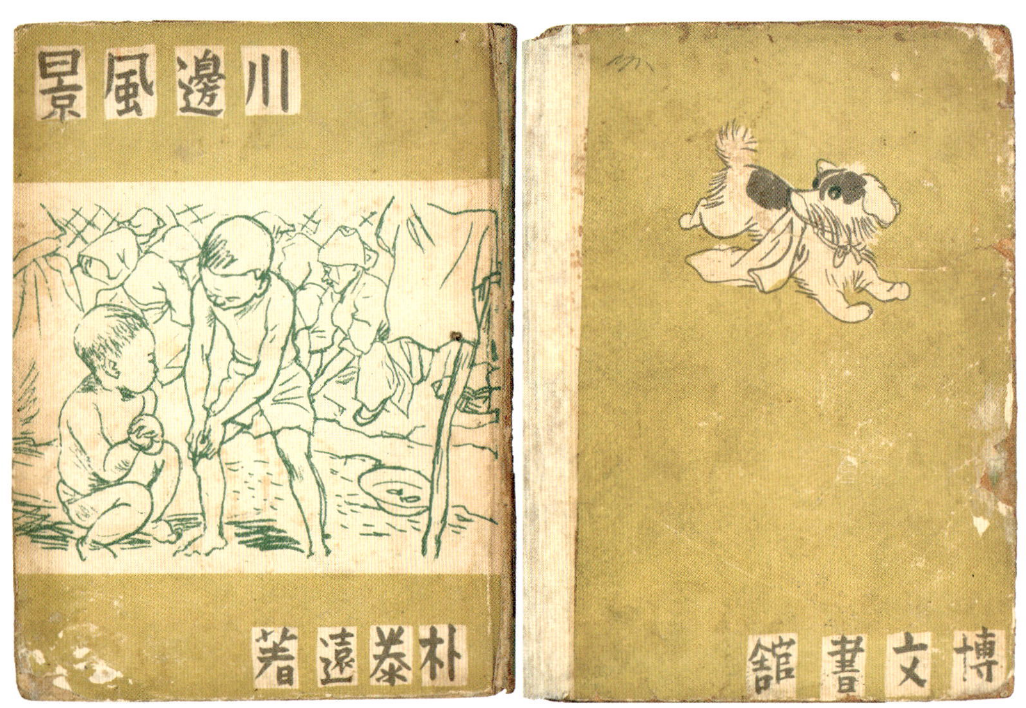

『천변풍경』
정현웅 장정, 박태원, 박문서관, 1941.05.20(재)

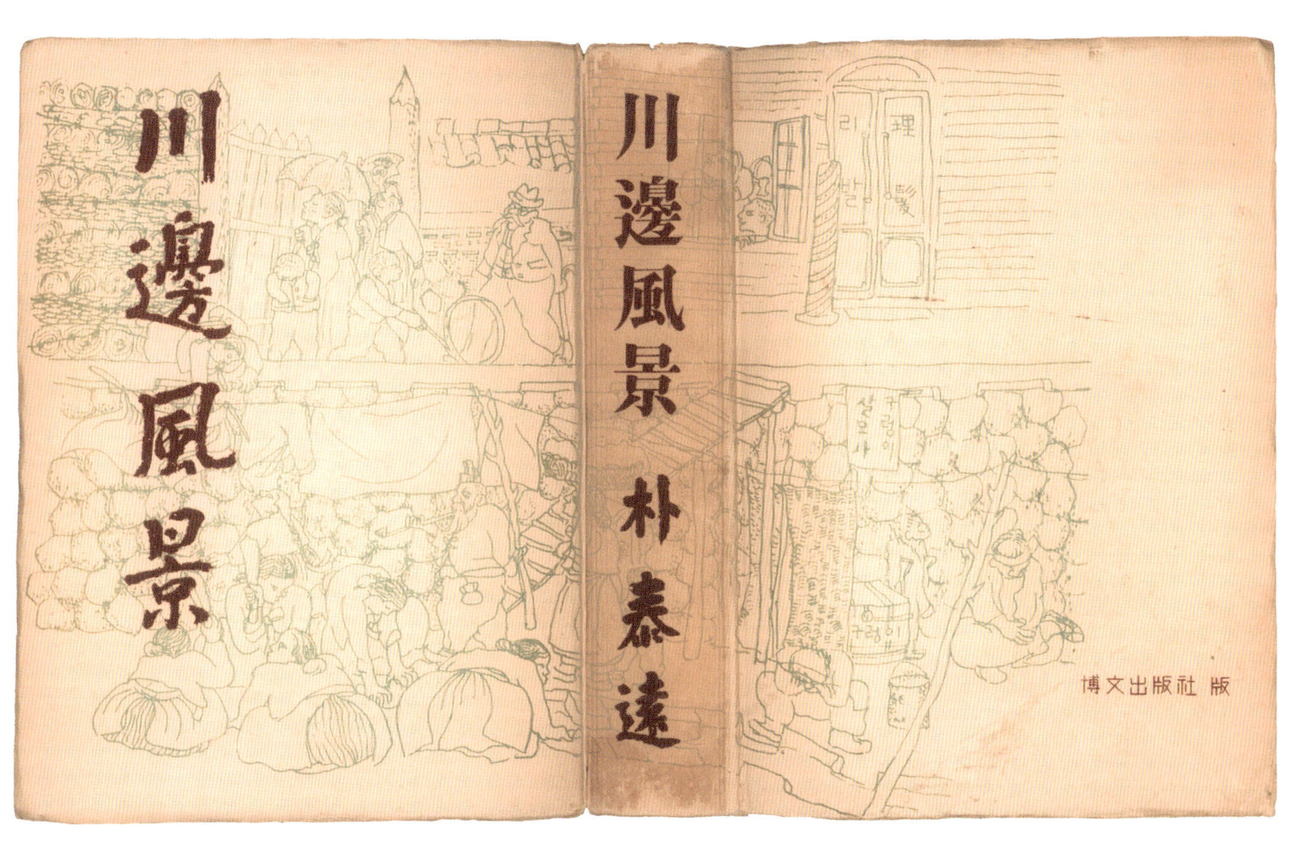

『천변풍경』
박문원 장정, 박태원, 박문출판사, 1947.05.01

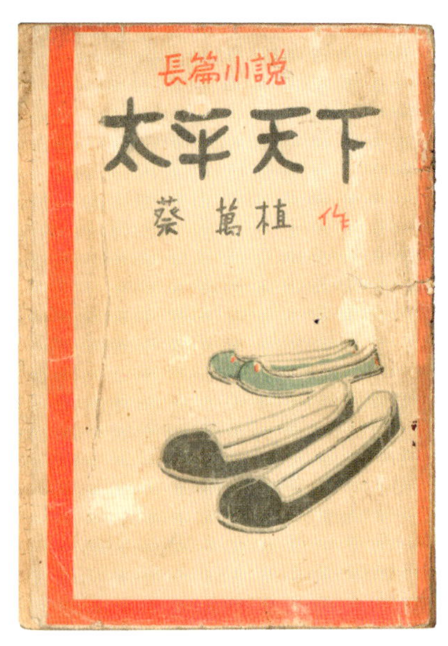

『태평천하』
김규택 장정, 채만식, 동지사, 1948.12.05

『어머니』
김호성 장정, 이기영, 영창서관, 1948.12.20

『사랑의 수족관』
정현웅 장정, 김남천 평범사, 1949.02.22

『탁류 上下』
채만식, 민중서관, 1949.03.05

『백두산등척기』
안석영 표장, 안재홍, 유성사서점, 1931.06.30

『무서록』
김용준 장정, 이태준, 박문서관, 1941.09.05

『소련기행』
이태준, 북조선출판사, 평양, 1947.05.01

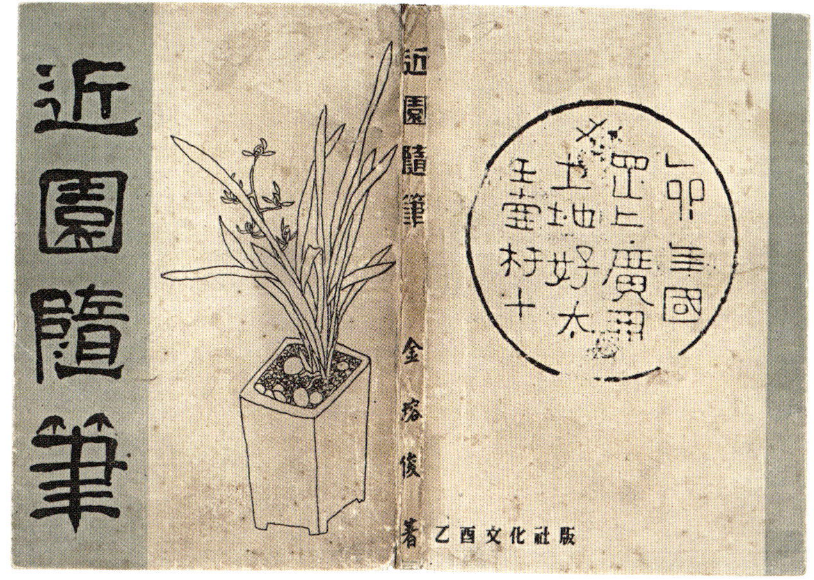

『근원수필』
저자 장정, 김용준, 을유문화사, 1948.06.30

『여명문예선집』
김승묵 편발, 여명사, 1928.07.20

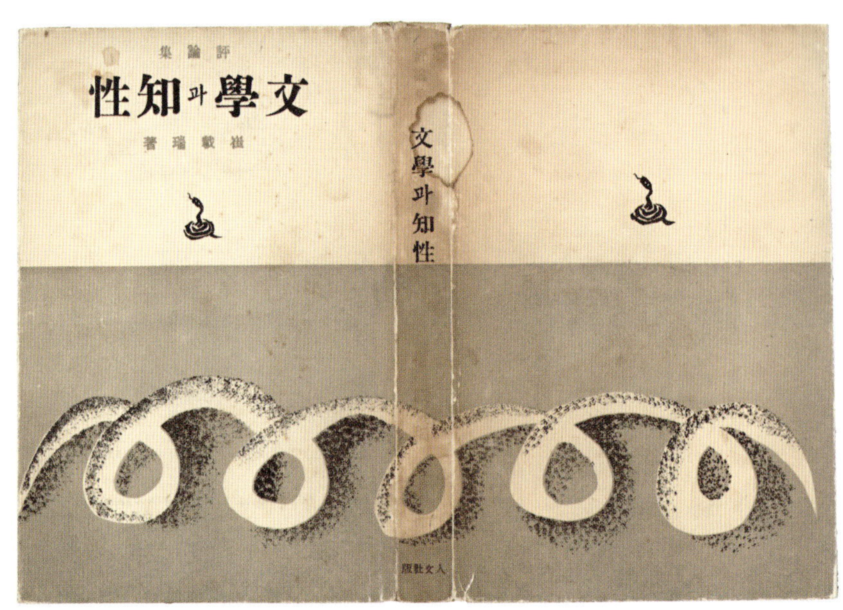

『문학과 지성』
김용준 장정, 최재서, 인문사, 1938.06.20

『문학과 자유』〔현대문고〕
홍효민, 광한서림, 1939.10.10

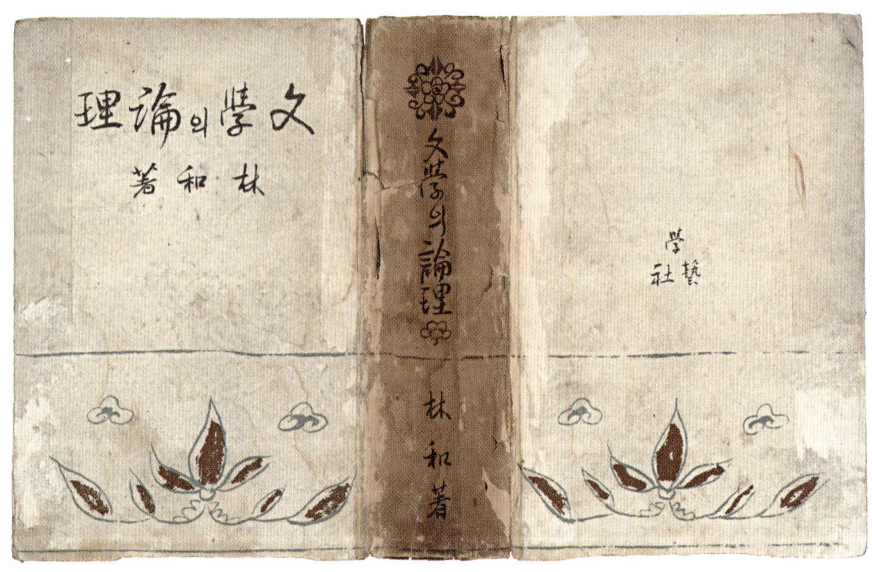

『문학의 논리』
김용준 장정, 임화, 학예사, 1940.12.20

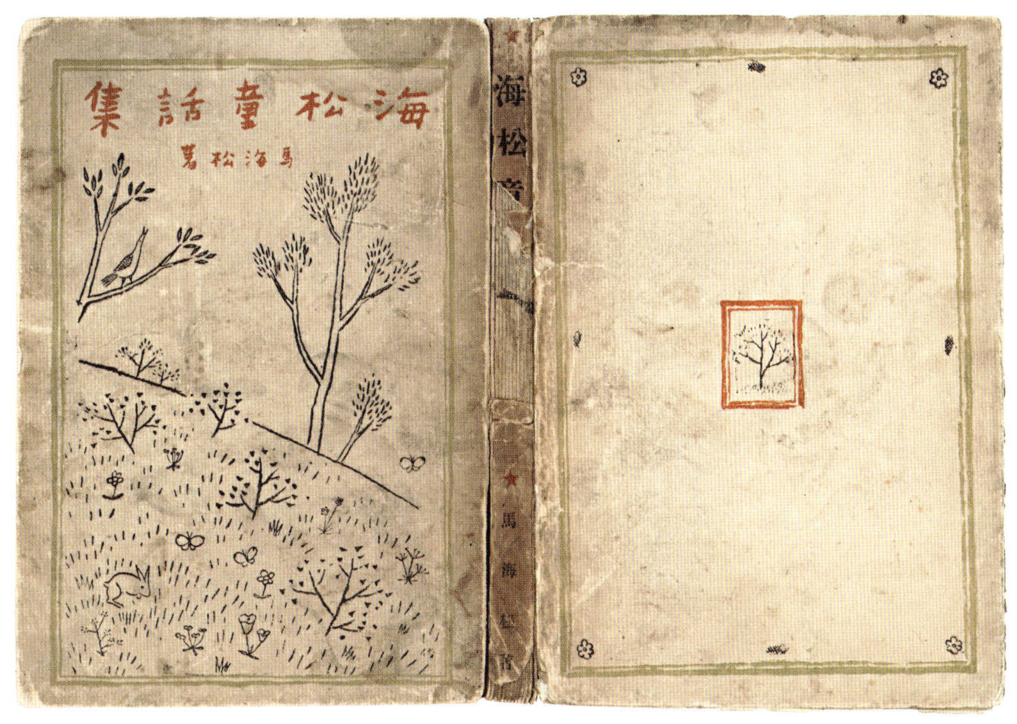

『海松童話集』
이병현 외 삽화, 마해송, 同聲社, 동경, 1934.05.01

『아이들보이 2』
신문관, 1913.10.05

『명작동화집』
전영택, 주요섭, 교문사, 1941.09.10(재)

『소학생 63』
이인성 표지, 아협1948.12

『진달래 11월호』
임동은 표지, 진달래사, 1949.11

『린큰』
아협 편발, 1948.12.12

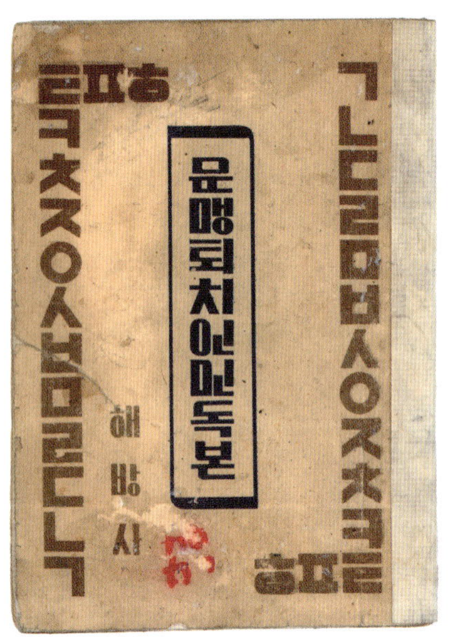

『문맹퇴치인민독본』
해방사 편발, 1946.02.25

『초등국어 1-1 바둑이와 철수』
문교부 편발, 1950.05.30 정정3판

연신내와 시집 『귀촉도』

　1975년에 연신내(행정구역상 은평구 갈현동?) 헌책방에 첫발을 내딛었을 때 그곳에는 중앙서점과 일문서점이 있었습니다. 그 얼마 후 문화당이 생겼는데 현재는 문화당만 남아있죠. 중앙서점은 얼마 후 문을 닫았는데 주인장 김방호 님은 현재 청계8가에서 '행운서점'을 하고 계십니다. 일문서점은 유화종 님이 주인장이셨는데 이 분의 동생분들도 헌책방을 하셨죠. 유길종 님은 신림동쪽에서 서점을 하셨는데 작고하셨고, 막내동생인가 하는 분은 예전에 흑석동 고개 근처에서 헌책방을 하셨습니다. 이후 일문은 서울역 앞으로 갔다가 다시 청계8가로 옮겼는데 현재 서점은 안 하시고 서적유통에 종사하신다는 소문을 들었습니다. 문화당이야 아직도 건재하니 뭐라 따로 말씀 드릴 게 없죠. 다만 제가 문화당 주인장이신 박상우 님께 큰소리 치는 것은 오직 한 가지! "헌책으로는 내가 사장님보다 조금 선뱁니다!"

　세 곳 가운데 가장 오래된 중앙서점에 좋은 책들이 많았습니다. 가끔 철제 캐비넷에 들어있는 고본들을 보여주시며 씩 웃곤 하셨는데 나는 그저 침만 흘리다가 『현대문학』이나 『사상계』 같은 잡지들을 한 무더기 묶어서 집으로 오는 것이 고작이었습니다. 당시 그 잡지들은 권당 30원쯤 했던 것으로 기억하는데 그나마 버스차비까지 몽땅 털어 사서는 구파발까지 네 정거장을 걸어온 날이 많았습니다.

　그러던 어느 여름날이었습니다. 문화당에서 나까마(중간거간) 한 분을 만나 연신내 시장 막걸리집으로 유인되어 갔는데 예의 나까마 분이 막걸리 한 잔을 마시더니 가방 속에서 책을 한 권 꺼내더군요. 그 책이 제가 산 최초의 古書(?)가 됐죠. 바로 미당의 두 번째 시집 『歸蜀途』였습니다. 막걸리를 주고받으며 그야말로 수작(酬酌)했던 이야기도 대충 기억이 납니다만 내 기억으로 치른 가격이 2천6백 원이었다고 기억합니다. 30원짜리 『현대문학』의 100배에 가까운 거금이었죠. 그때 어떻게 그 큰돈을 갖고 있었는지에 대해선 기억이 없습니다. 다만 그 책을 사갖고 집에 와서 밤잠을 설쳤던 기억은 또렷합니다. 당시 그 책을 구해주신 분은 이쪽에선 전설적인 인물로 얘기되는 '거머리' 또는 '찐득이'라는 별호를 갖고 계신 鄭아무개 어른이십니다.

　그리고 2010년 어느 날 문득 그 『歸蜀途』가 헌책시장에서 유통되는 가격을 보았답니다. 헌책이라는 게 정가가 없다는 건 주지의 사실이니 어느 가격을 이야기해도 무리는 아니겠습니다만 인터넷서점들의 판매상황을 염두에 두고 보면 대략 30만 원은 넘어가더군요. 혼자 속으로 셈해보니,

　　"2,600원 → 30만원!!!!! 100배@@"

　참으로 대단하더군요.

　　『歸蜀途』가 눈에 띄는 대로 사두었을걸.......??

　글쎄요, 『歸蜀途』는 그래도 비교적 가끔 보이는 시집이라 할 수 있는데 정확한 수치는 아니겠지만 내가 본 『歸蜀途』가 10권은 넘을 것이고 20권은 안 되겠죠. 많은 양의 『歸蜀途』는 수집가들의 서고에 꽂혀 있겠구요.

　헌책은 상업적 개념의 접근이 불가능한 영역이라 생각합니다. 비록 종이는 똥지이지만 金榮注 화백의 이쁜 장정으로 만들어진 시집 『歸蜀途』! 이후에 더 깨끗한 책을 만났어도 처음 샀던 그 책과 바꾸지 않았답니다.

---

*　daum cafe 근대서지학회 '오선생의 헌 이야기'에 2010년 12월 31일에 올렸던 글을 재수록하였습니다. 시차 있는 부분에 대해서는 눌러 이해해주시기 바랍니다. 예를 들어 문화당 박상우 님도 헌책방을 접으신 지 오래되었습니다.

III

소장도서 목록

해파리의 노래	김억	조선도서주식회사, 1923.06.30
오뇌의 무도	김억 역, 김찬영 장정	조선도서주식회사, 1923.08.01(재)
봄잔듸위에	조명희	춘추각, 1924.06.15
흑방비곡	박종화	조선도서주식회사, 1924.06.25
처녀의 화환	노자영	청조사, 1924.10.10
아름다운 새벽	주요한	조선문단사, 1925.01.15(재)
생명의 과실	김명순	한성도서, 1925.04.05
국경의 밤	김동환	한성도서, 1925.11.20(재)
血痕의 默華	유도순	청조사, 1926.03.03
조선시인선집	趙台衍 편	조선통신중학관, 1926.10.23
백팔번뇌	최남선, 노수현 장정	동광사, 1926.12.01
흑방의 선물	권구현	영창서관, 1927.03.30 앞뒤표지판권낙장
쌔이론명시집	김시홍 역	영창서관, 1928.02.28
조선민요집	김소운 역	泰文館, 1929.07.30 동경, 일본어, 케이스
조선유람가	최남선, 김창섭 표지	한성도서, 1928.08.20
自然頌	황석우	조선시단사, 1929.12.20(재)
愛人의 선물	김명순	회동서관, 1929.00.00, 109쪽 이하, 판권낙장
憂鬱の世界	崔然	평범사, 1931.07.08, 동경,일본어
조선의 맥박	양주동, 任用璉 裝幀	문예공론사, 1932.02.26
曠野의 哀傷	鄭榮水(저작겸발행인겸창보육원인쇄)	1932.09.10
行程의 憂愁	李畛彦	한성도서, 1933.04.12
잃어버린 댕기	윤석중	게수나무회, 1933.04.25 서명본
노산시조집	이은상, 이상범 장정	한성도서, 1933.12.06(재)
빛나는 지역	毛允淑, 翠雲夢人 장정	조선창문사출판부, 1934.09.15(재)
삼인시가집	이광수 外, 안석영 장정	삼천리사, 1934.03.26(三)
님의 心琴	金禧圭	한성도서, 1935.02.01
정지용시집	정지용	시문학사, 1935.10.27
영랑시집	김영랑	시문학사, 1935.11.05
을해명시선	오일도 편, 황토수 장정	詩苑社, 1936.03.27
골동품	황순원(저작겸발행인)	동경삼문사인쇄, 1936.05.29, 220부 한정, 케이스
歲月	金仁杰, 李周行 장정	고향사동경, 1936.07.09
낭만 1집	민태규 편, 공진형 장정	낭만사, 1936.11.09
異國女	李瑞海	한성도서, 1937.02.14
분수령	이용악(저작겸발행인)	동경삼문사인쇄, 1937.5.30
조선동요선	김소운 역	암파문고, 1937.06.20(2쇄), 동경,일본어
석류	임학수(저작겸발행인)	1937.08.10, 이도영 내제화
殘夢	李相弼	三文社, 1937.09.05
무명초	허리복	치성서원, 1937.12.25 표지개장
羊	장만영(저작겸발행인)	1937.12.30(18/100한정)
珊瑚林	노천명(저작겸발행인)	1938.01.01

바다의 渺茫	이해문, 成耆弴 장정	시인춘추사, 1938.01.10
현해탄	임화, 구본웅 장정	동광당서점, 1938.02.29 케이스
향수	조중흡, 구본웅 내제화	이문당서점, 1938.03.01
현대조선문학전집시가집	조선일보사출판부(편,발행)	1938.04.08
산제비	박세영, 林學善 장정	중앙인서관, 1938.05.23
해외서정시선	최재서 편	인문사, 1938.06.15
憧憬	김광섭(저작겸발행인)	대동인쇄,1천부 한정, 1938.07.15
焚香	이찬, 정현웅 장정	한성도서, 1938.07.20
八道風物詩集	林學洙	인문사, 1938.09.30
候鳥	임학수	한성도서, 1939.01.25
물네방아	이하윤, 구본웅 장정	청색지사, 1939.01.30
김립시집	이응수 편주	학예사조선문고, 1939.02.20
조선민요선	임화 편, 이재욱 해설	학예사조선문고, 1939.03.31
望鄕	김상용, 길진섭 장정	문장사, 1939.05.01
박용철전집 1 시집	林貞姬〔미망인〕(편,발행)	케이스, 1939.05.05
현해탄	임화, 구본웅 장정	동광당서점, 1939.05.28(재)
土 飯島久與詩歌集	飯島久與, 林耕一 편	林出版事務所, 1939.06.01, 일본어
헌사	오장환	26/80부 한정, 남만서방 서명본(신석초), 1939.07.20
현대조선시인선집	임화 편	학예사조선문고, 1939.07.26
가람시조집	이병기(自裝)	문장사(24/300한정) , 1939.08.15
태양의 풍속	김기림	학예사조선문고, 1939.09.06
청마시초	유치환, 구본웅 장정	청색지사, 1939.12.20
신찬시인집	시학사(편,발행), 이주홍 장정	1940.02.18
시조시학	안자산, 崔木郞 장정	조광사, 1940.04.25
낙서	이기열, 정현웅, 윤자선	대동인쇄, 300부, 1940.08.30
靑柿	김달진	청색지사, 1940.09.28
望洋亭	오신혜	대동출판사, 1940.12.08
은화식물지	함윤수	장학사동경, 1940.12.26
화사집	서정주	남만서고, 1941.02.07
路傍草	康鴻運, 韓一心 장정	초원사원산, 1941.02.15
饗宴	김용호(金本英助)	(자가본)동경, 1941.06.20
老林유고시집	李家鍾	남창서관, 1941.06.30, 200부한정
안서시초	김억	박문문고, 1941.07.15
조선민요집	김소운 역	신조문고동경,일본어, 1941.07.15
백록담	정지용, 길진섭 장정	문장사, 1941.09.15
김립시집	이응수	한성도서, 1943.02.18
南窓集	李春人(저작겸발행인)	조선인쇄, 九里吉秀삽화, 1943.03.20
아세아시집	김용제, 三木弘 장정	대동출판사, 1943.04.01, (재)일본어
망우초	김억역	한성도서, 1943.08.01
朝鮮詩集前期	김소운 역	흥풍관, 동경, 일본어, 5천부, 1943.08.12

自畫像	권환	조선출판사, 1943.08.15
朝鮮詩集中期	김소운 역	흥풍관동경, 일본어, 5천 부, 1943.10.25
동심초	김억 역	조선출판사 선장본, 1943.12.31(재)
전원	차원홍	한성도서 선장본, 1944.03.25
지나명시선 1, 2	이병기 外 공역	한성도서, 1944.08.28
倫理	권환, 이주홍 장정	성문당서점, 1944.12.15
야광주	김억 역	조선출판사 선장본, 1944.12.31
窓邊	노천명	매일신보사출판부, 1945.02.25
朝鮮美	李泰煥	(자가본) 1945.9
解放記念詩集	中央文化協會 편	중앙문화협회, 1945.12.12
祭祀	金淇漢	안동기독교청년회, 1945.12.25
弘山詩集	崔容學 편	신조선사, 1946.1.10
산제비	朴世永	별나라사, 1946.2.1(재)
네 동무	李東柱, 심인섭, 정철, 오덕	목포예술문화동맹, 1946.2.10
三一紀念詩集	朝鮮文學家同盟詩部 편	건설출판사, 1946.3.1
心火	朴芽枝	우리문학사, 1946.3.10, 3천 부 한정
조선동요전집 1	정태병 편	신성문화사, 1946.2.25
六學年童謠童話集	梁雨庭 편	조선아동문화사, 1946.4.15
바다와 나비	金起林	신문화연구소, 1946.4.20
횃불	朴世永 외	우리문학사, 1946.4.20
시의 밤 낭독시집	朝鮮文學家同盟詩部 편	조선문학가동맹, 1946.4.20
靑磁賦	朴鍾和	고려문화사, 1946.5.5
鄭芝溶詩集	鄭芝溶	건설출판사, 1946.5.30(재)
靑鹿集	朴木月, 趙芝薫, 朴斗鎭	을유문화사, 1946.6.6
童詩集	朴泳鍾	조선아동회, 1946.6.15
石卅詩集	申應植	을유문화사, 1946.6.30
날개 해방일주년기념시집	朝鮮靑年文學家協會 편	조선청년문학가협회, 1946.8.15
凍結	權煥	건설출판사, 1946.8.20
搖籃	金容得	(자가본), 1946.10.15
陸史詩集	李陸史	서울출판사, 1946.10.20
白鹿潭보급판	鄭芝溶	백양당, 1946.10.31(재)
白鹿潭특제판	鄭芝溶	백양당, 1946.10.31(재)
韓寅鉉	문들레	제일출판사, 1946.11.10
前衛詩人集	김광현, 李秉哲, 유진오, 박산운, 김상훈	노농사, 1946.12.30
아름다운 江山	丁泰鎭 편	신흥국어연구회, 1946.12
瓦斯燈	金光均	정음사, 1946(재)
길	金東錫	정음사, 1946
素月詩抄	金素月金億 선	박문출판사, 1946(재)
病든 서울	吳章煥	정음사, 1946

芝溶詩選	鄭芝溶	을유문화사, 1946
出帆	梁相卿	(자가본), 1947.1.1
城壁	吳章煥	아문각, 1947.1.10(재)
抒情詩集	皮千得	상호출판사, 1947.1.20
綠野	方基煥	(자가본), 1947.1 후기일자
讚歌	林和	백양당, 1947.2.10
召燕歌	金洙敦	문예신문사, 1947.2.15
먼동 틀 제	金岸曙	백민문예사, 1947.2.15
옥비녀	毛允淑	동백사, 1947.2.15
들국화	李雪舟	민고사, 1947.2.25
少年詩集	徐昌根	서울대문리대예과, 1947.3.15
朝鮮詩集 1946年版	조선문학가동맹詩部 편	조선문학가동맹, 1947.3.20
鐘	薛貞植	백양당, 1947.4.1
回想詩集	林和	건설출판사, 1947.4.5
현해탄[*]	임화	건설출판사, 1947.4.5
草笛	金相沃	수향서헌, 1947.4.15
오랑캐꽃	李庸岳	아문각, 1947.4.20
寄港地	金光均	정음사, 1947.5.1
曹雲時調集	曹雲	조선사, 1947.5.5
隊列	金尙勳	백우사, 1947.5.28
나 사는 곳	吳章煥	헌문사, 1947.6.5
生命의 書	柳致環	행문사, 1947.6.20
슬픈 牧歌	辛夕汀	낭주문화사, 1947.7.25
얼	金敬琢	취영암, 1947.8.1再
三八線	金東鳴	문융사, 1947.9.20
七面鳥	呂尙玄	정음사, 1947.9.20
嘉藍時調集	李秉岐	백양당, 1947.9.20(재)
북소리	韓悳熙	동백시회, 1947.11.20
朴勝杰詩集	朴勝杰	상호출판사1947.11
박꽃	李熙昇	백양당, 1947.12.15
하늘	金東鳴	문융사, 1948.1.12
葡萄	薛貞植	정음사, 1948.1.15
黃牛	徐泰寬	(자가본), 1948.1.25
사랑물레	高永鎭	평문사, 1948.1.30
窓	兪鎭五	정음사, 1948.1.30
피리	尹崑崗	정음사, 1948.1.30
하늘과 바람과 별과 詩	尹東柱	정음사, 1948.1.30
薝園時調	鄭寅普	을유문화사, 1948.2.5
歸蜀道	徐廷柱	선문사, 1948.4.1

---

[*]　위의 책과 동일한 책인데 표지 제목을 처음에는 '현해탄'이라 했다가 후에 '회상시집'이라 수정한 근거가 되기에 별도로 제시하였다.

八道風物詩集	林學洙	백민문화사, 1948.4.5(재)
새노래	金起林	산호장, 1948.4.15
隊列	金尙勳	백우사, 1948.6.10(재)
그집앞	金允國	진흥정판사, 1948.6.20
어느 地域	張泳暢	태양당, 1948.6.20
해마다 피는 꽃	金容浩	시문학사, 1948.6.25
匹夫의 노래	林學洙	고려문화사, 1948.7.10
필부의 노래*	임학수	고려문화사, 1948.7.10
살어리	尹崑崗	시문학사, 1948.7.15
無花果	尹永春	숭문사, 1948.7.25
地熱	趙碧岩	아문각, 1948.7.25
새벽길	崔石斗	조선사, 1948.8.10
대낮	申東集	교문사, 1948.8.25
鬱陵島	柳致環	행문사, 1948.9.1
獄門이 열리던 날	常民	신학사, 1948.9.10
放浪記	李雪舟	계몽사서점, 1948.9.15
氣象圖	金起林	산호장, 1948.9.20(재)
曉星	李福林	순천건국부인회, 1948.9.25
第三詩集	高永鎭	평문사, 1948.10.15
桑園時調集	朴宗玉	고려문화사, 1948.10.20
고란초	金素星	문영사출판부, 1948.10.30
家族	金尙勳	백우사, 1948.10.30
幼年頌	張萬榮	산호장, 1948.10.30
象形文字	尹周榮	철야당, 1948.11.8
小白山	朴文緒	백우사, 1948.11.15
諸神의 憤怒	薛貞植	신학사, 1948.11.18
李俊詩集	李俊	지문각, 1948.11.20
발자욱 1	李廷基	대한민족청년단김천단부, 1948.12.10
산	李孝祥	조선출판중앙총사, 1948.12.15
民謠詩集	金岸曙	한성도서, 1948.12.20
故園의 曲	金相沃	성문사, 1949.1.10
秋風嶺	金哲洙	산호장, 1949.1.15
李庸岳集(現代詩人全集 1)	李庸岳	동지사, 1949.1.25
머들령	丁薰	계림사, 1949.3.5
盧天命集(現代詩人全集 2)	盧天命	동지사, 1949.3.10
荒野에 叫喚	金炳昊	(자가본), 1949.3.12
白鷺	金相瑗	구고산방, 1949.3.30
李箱選集	李箱, 金起林 편	백양당, 1949.3.31
새로운 都市와 市民들의 合唱	金璟麟 외	도시문화사, 1949.4.5

---

* 위의 책과 동일본인데 겉표지만 다름.

時調詩學	安自山	교문사, 1949.4.15(재)
詩集(朝鮮文學全集 10)	林學洙 편	한성도서, 1949.4.20
山驛의 밤	朴民	문예신문사, 1949.5.5
해	朴斗鎭	청만사, 1949.5.15
蜻蛉日記	柳致環	행문사, 1949.5.15
韓何雲詩抄	韓何雲李秉哲 편	정음사, 1949.5.30
東國學生詩集 1	鄭雲三 편	동국대학생회문화실, 1949.5.30
異端의 詩	金相沃	청석장, 1949.6.15
學生詩苑 2	李元熙 편	경북중학교문예부, 1949.6.15
버리고 싶은 遺産	趙炳華	산호장, 1949.7.5
그날이 오면	沈熏	한성도서, 1949.7.30
잠자리	蒼氓人(李雪舟)	육생사, 1949.10.9
永郎詩選	金允植	중앙문화협회, 1949.10.25
靑鹿集	朴斗鎭 外	을유문화사, 1949.11.20(재)
바다의 合唱	朴巨影	시문학사, 1949.11.25
마음	金珖燮	중앙문화협회, 1949.12.10
第一詩集(『天一』부록)	『天一』編輯室 편	조선상업은행, 1949.12.25
揭示板	尹復九	중앙문화협회, 1949.12.31
진달래꽃	金素月	숭문사, 1950.2.5
現代朝鮮名詩選	徐廷柱 편	온문사, 1950.2.15
다람쥐	金英一	고려서적, 1950.2.20
望鄕	金尙鎔	이대출판부, 1950.3.1(삼판)
現代詩集 II	辛夕汀 外	정음사, 1950.3.10
作故詩人選	徐廷柱 편	정음사, 1950.3.13
白鹿潭	鄭芝溶	동명출판사, 1950.3.15(삼판)
現代詩集 I	鄭芝溶 外	정음사, 1950.3.19
現代詩集 III	徐廷柱 外	정음사, 1950.3.30
땀과 薔薇와 詩	金泰洪	흥민사, 1950.4.10
하루만의 慰安	趙炳華	산호장, 1950.4.13
精選김립시집	철야당서점 편	철야당서점, 1946.5.21
에세-닌詩集	吳章煥 역	동향사, 1946.5.28 上製, 1천 부 한정
하이네시집	金時弘 역	영창서관, 1946.7.31
김립시집	李應洙 역	유길서점, 1946.10.15
조선역대御製詩選	宋柱憲 편	홍문서관, 1947.3.15
금잔듸	金岸曙 역	동방문화사, 1947.4.1
現代中國詩選	尹永春 역	청년사, 1947.7.29
Grove of Azalea	卞榮魯 역	(미상), 1947.6.10 서문일자
英詩選集	卞榮魯·異河潤 역	동방문화사, 1948.4.10
하이네戀愛詩	尹泰雄 역	정음사(정음문고), 1948.6.30
초생달	林學洙 역	문조사, 1948.7.5

十九世紀初期英詩集	林學洙 역	한성도서, 1948.7.15
歷代中國詩選	金尙勳 역	정음사(정음문고), 1948.8.15
大韓現代詩英譯對照集	鄭寅燮 역	문화당, 1948.8.15
英詩百選	梁柱東 편주	연교사, 1948.10.30
現代英詩選	梁柱東 역	수선사, 1948.11.10
英詩百選	梁柱東 역	백양당, 1948.12.10
Song From Korea	卞榮泰 역	국제문화협회, 1948.12.30
强한 사람들	金宗郁 역편	민교사, 1949.1.10
사랑의 시집(『婦人』부록)	임학수 외역	婦人社, 1949.2
現代美國詩選	韓黑鷗 역	선문사, 1949.6.10
영시 첫걸음	강봉식 역	경위사, 1949.6.25
괴테詩集(世界名作詩人選集3)	金又正 역	동문사서점, 1949.10.20
追憶의 노래	A.테니슨, 철야당 역편	철야당서점, 1949.10.25
보드레르시집(世界名作詩人選集4)	李巴湖 역	동문사서점, 1949.11.5
玉簪花	金岸曙 역	이우사, 1949.12.20
바레리詩集(世界名作詩人選集7)	張民秀 역	동문사서점, 1949.12.25
푸쉬킨詩集	趙永熙 역	세종문화사, 1950.2.5
콕토詩集(世界名作詩人選集9)	梁秉道 역	동문사서점, 1950.3.15
와아즈와스詩集(世界名作詩人選集10)	李陵九 역	동문사서점, 1950.10.10

| 소장도서 목록 2 | 근대출판 단행본(1880~1945 시집 제외)

1880.00.00	韓佛字典	프랑스외방선교회, 횡빈인쇄소
1885.00.00	農政新編(권2)	안종수, 광인사 선장본, 연활자
1886.05.00	農政撮要	鄭秉夏, 광인사 선장본, 연활자
1887.10.10(陽月上澣)	新羅金氏璿源錄	博文局 改刊, 선장본
1894.08.00	松雲大師奮忠舒難錄	(일본 발행), 선장본
1894.10.03	朝鮮地理誌	大田才次郎, 박문관(東京발행)
1894.00.00	辭課指南	게일, 삼문출판사
1895.04.25	西遊見聞	유길준, 交詢社(東京)
1897.00.00	Ein Zug nach Often	Moritz Schanz, W.Maufe Sohne, 함부르크
1898.01.00	法規類編續貳	의정부총무국 편발
1899.06.00	美國獨立史	황성신문사 편발
1901.09.01	韓半島	信夫淳平, 동경당서점(東京)
1901.00.00	牧民心書 1,2,3	정약용 著, 廣文社
1901.00.00	法韓字典	알레베끄, Seoul Press
1904.03.22(재)	조선개화사	恒屋盛服, 박문관(東京)
1905.05.00	동국여지승람上	幣原坦 서문, 〔未詳〕
1905.07.00	大韓地誌(하편)	현채, 박문사
1906.11.00	월남망국사	현채역, 보성관
1907.06.05	중등생리학	金夏鼎, 보성관
1907.06.15	大韓新地誌乾坤	張志淵, 南章熙발,휘문관인
1907.08.20	중등지문학	尹泰榮 역, 보성관
1907.00.00	초학디지	E.H.Miller, 헐버트교육시리즈 No.1
1907.11.30	월남망국사	주시경 역, 박문서관, 판권,1-2쪽 낙장
1908.03.00	아학편	정약용 著, 지석영 註釋兼發行, 광학서포
1908.04.00	화성돈전	이해조, 회동서관
1908.06.00	대한문전	최광옥, 면학회
1908.07.05(三)	동국사략	양장본, 현채 編輯兼發行, 박문서관 외
1908.07.15	이충무공실기	李芬, 현공렴
1908.07.15	강감찬전	禹基善, 현공렴
1908.08.09	拿破崙戰史(상권)	劉文相 역, 의진사 앞표지,1-2쪽 파손
1908.11.06	국어문전음학	주시경, 박문서관
1908.12.00	구마검	이해조, 대한서림, 앞표지 낙장
1908.00.00	천문략해	배위량, 평양유니온크리스챤대학헐버트시리즈 No.4
1908.00.00	大家法帖 3	安泰瑩 발, 광덕서관
1909.02.15	논어집주	鄭雲復 편, 광학서포, 선장본
1909.02.18	대한문전	유길준 著作兼發行, 동문관(인쇄)
1909.03.25	국한문신옥편	鄭益魯 편발, 야소교서원, 평양
1909.06.04	善隣唱和	末松謙澄, 東京수영사(인쇄)
1909.12.25	大東野乘 1	朝鮮古書刊行會 편발
1910.04.25	中庸集註	정운복 편, 광학서포

1910.05.15	漢城の風雲と名士	菊池謙讓, 일한서방, 앞표지, 1-2쪽 파손
1910.05.25(재)	新撰國文家庭簡牘	고유상, 회동서관
1910.06.28	日韓古蹟	靑柳綱太郎, 町田文林堂, 일본어
1910.11.30	八域誌 外	朝鮮古書刊行會(편.발행)
1911.06.12	한영자전	게일, 야소교서회
1911.10.23(재)	李朝五百年史	靑柳綱太郎, 조선연구회, 일본어
1911.11.10	朝日講演集	小池信美, 朝日新聞合資會社, 오사카, 일본어
1911.11.28	동국통감권 4	최남선 편수겸발행, 조선광문회, 선장본
1911.12.30	치악산(하편)	김교제, 동양서원
1911.00.00	梅泉集 1,2,3	黃玹 저, 金澤榮 편, 상해, 선장본
1911.00.00	Farmers of Forty Centuries	CHINA,KOREA,JAPAN, F.H.King Madison, 위스콘신
1912.01.20	集註論語	이종정 편, 광동서국, 선장본, 앞표지 개장
1912.03.12	쌍옥적	이해조, 현공렴가
1912.04.13	海東繹史 1	최남선 편, 조선광문회, 선장본, 앞뒤표지 손상
1912.05.05	日鮮大字典	朴重華, 광동서국, 앞1-2쪽, 앞뒤표지 낙장
1912.08.25	海東繹史 3	최남선 편, 조선광문회, 선장본
1912.10.15	자랑의 단추	최창선, 신문관
1912.10.16	조선현행법규편람	方台榮 역, 조선출판협회
1913.01.10	허부인난설헌집	허난설헌 저, 安往居 편, 辛亥唫社, 선장본
1913.01.20	쌍옥루(상편)	조중환, 보급서관
1913.01.30(재)	월하가인	김용준 저발, 보급서관
1913.01.30	燕의 脚	이해조, 광동서국
1913.02.03	燃藜室記述 1	朝鮮古書刊行會(편,발행)
1913.04.25	일만구천방	김교제, 동양서원
1913.05.03	옥루몽 4	최창선 저발, 신문관
1913.05.25	란봉기합	김교제, 동양서원
1913.06.05	누구의 죄	이해조(은국산인), 보급서관
1913.06.20	쌍옥루(중편)	조중환, 보급서관, 앞뒤표지 낙장
1913.06.30	임충민공실기	최남선, 조선광문회, 선장본
1913.06.20	쌍옥루(하편)	조중환, 보급서관
1913.07.30	연정구운몽(하편)	남궁준, 유일서관
1913.09.05	소학령	이해조, 신구서림
1913.09.05	심청전	최창선, 신문관, 육전소설
1913.09.20	서유기 前1	박건회, 조선서관
1913.09.27(재)	조선어문법	주시경, 박문서관
1913.10.25	연려실기술 5	최남선 편, 조선광문회, 선장본, 앞뒤표지 손상
1913.10.28	비파성	이해조, 신구서림
1913.11.05	강태공실기	박건회 편발, 조선서관
1913.11.20	서유기 前3	박건회 편발, 조선서관, 앞뒤표지 낙장
1913.12.10	朝鮮紳士大同譜	大垣丈夫, 同발행사무소

1913.12.30	옥린몽 2,3	송기화 저발, 송기화상점
1914.01.17	西廂記	고유상 著發, 회동서관, 표지판권 낙장
1914.02.05(추정)	옥중화	이해조, 보급서관, 판권, 끝 1-2쪽 낙장
1914.04.13	말의 소리	주시경, 신문관, 노루지, 필사평판인쇄?
1914.05.25	서유기 後1	박건회 저발, 조선서관
1914.06.29	小華外史 상	靑柳綱太郞, 조선연구회, 일본어
1914.6.30	圃隱集	朴頤陽 편, 숭양서원선장본
1914.07.09	전우치전	최창선, 신문관, 이은상 소장인, 앞뒤표지 없음
1914.08.15	小華外史 하	靑柳綱太郞, 조선연구회, 일본어
1914.11.19	소대성전	한인석, 광문책사, 평양,뒷부분 파손
1914.12.10	천하동란기	현공렴, 대창서원
1915.04.22	刪修삼국지前集 下	박건회 저발, 조선서관, 앞표지 개장
1915.06.05	봉황금	이용한 저발, 동미서시
1915.10.05	文純公李退溪先生(청년문고 2)	신문사 편발
1915.10.15	明心寶鑑	남궁준 편, 유일서관, 선장본
1915.10.22(재)	통감언해권 6	지송욱 저발, 신구서림
1915.12.21	東史年表	魚允迪, 보문관, 선장본, 앞뒤표지 낙장
1916.01.15	水溢瀧	김연규 저발, 동아서관
1916.02.05	越王傳	박건회, 광동서국, 3-8쪽 낙장
1916.02.18(11)	字典釋要	지석영, 회동서관, 선장본
1916.10.11	日鮮通交史附釜山史	부산갑인회 편발
1916.10.15	옥련몽 1	이종정, 태학서관
1916.10.31	옥련몽 3	이종정, 태학서관
1916.06.30	계몽편언해	백두용, 한남서림
1917.01.17	옥련몽 4	이종정, 태학서관, 앞표지 개장
1917.01.10	천군연의	백두용, 한남서림, 김기동 소장인
1917.01.17	옥련몽 2,5	이종정, 태학서관
1917.03.30	통감언해권 2	송헌석 저, 유일서관, 표지 개장
1917.04.01(재)	법률경제숙어사전	竹內錄之助, 新文社
1917.05.20	창선감의록	백두용, 한남서림, 김기동 소장인
1917.05.21	平壤風景論	小田原正人, 조선연구회
1917.08.22	조선불교약사	권상로, 신문관, 선장본
1917.09.15(재)	언문현토전등신화 상하	유일서관 편발, 1916 초판
1917.09.15	박씨부인전	노익형, 박문서관, 앞표지하단 손상
1917.10.25	精神修養	李鍾麟, 德昌號
1917.11.30	제일기서삼국지 1,2,4,5,6,8	고유상, 박문서관 외
1917.12.30(재)	깔깔우슴	남궁설 편, 한성서관
1918.01.07(四)	單方新編	정다산 저, 지송욱 편발, 신구서림
1918.02.04	現行書式大典	보문관 편발
1918.02.12	朝鮮地誌(上篇)	釋尾春芿, 朝鮮及滿洲社출판부

1918.03.13⁽ᵉ⁾	花의 血	이해조, 오거서창
1918.03.13(재)	花의 血	이해조, 오거서창
1918.03.25	近古文選	元泳義, 東美書市, 선장본
1918.04.10	수양제행락기	박건회, 조선서관, 앞표지 손상
1918.04.30(四)	朝鮮四千年史	靑柳綱太郎, 조선연구회
1918.05.10	進明類彙	李始容 편발, 충남서관(예산)
1918.05.27	韓氏報應錄 하	이해조, 오거서창
1918.07.08	朝鮮地誌(下篇)	釋尾春芿, 朝鮮及滿洲社출판부
1918.07.15	耽羅紀年	金錫翼, 瀛洲書館, 제주
1918.08.12	한문원본춘향전	보성사 편집부, 고금서해
1918.11.07	京城記略	이중화, 신문관
1918.11.30	정본대학집주	남궁준 편, 이종정 발, 선장본
1919.12.20(三)	增補朝鮮風俗集	今村병, ウツボヤ書籍店, 일본어
1919.12.30	張翼星傳	鄭基誠 편술, 광문서시
1920.01.20(九)	增像演訂심청전	박문서관 外 편발, 표지 손상
1920.03.30	조선어사전	조선총독부 편발
1920.05.05	東坡詩帖	李柱浣 編寫, 영풍서관, 선장본
1920.12.15	國語及朝鮮語のため	小倉進平 ウツボヤ書籍店
1921.02.10	興武王三韓傳	金在鴻 편발, 金在鴻家, 선장본
1921.06.05	威逸遜演說集 1	현채, 대창서원, 광동서국
1921.07.10	이충무공전서 1,2,3,4合編	李觀化, 李永宰商店(경남통영)
1921.07.10	이충무공전서 5,6,7,8合編	李觀化, 李永宰商店(경남통영)
1921.07.20	윌손	김억, 한성도서-장도빈, 서문에서 저자 밝힘
1922.01.15(六)	김진옥전	김동진, 덕흥서림, 초판 1916, 표지 개장
1922.02.06	世界十大文豪傳	辛泰嶽, 이문당
1922.03.15	人生自由論	金昌炯, 신명서림(발,인,매)
1922.03.18(五)	사략언해권 1	지송욱 저발, 신구서림, 선장본
1922.04.04	諺譯論語	鮎貝房之進 편, 유교경전강구소
1922.04.05	조선문학사	안자산, 한일서점
1922.05.01(六)	時文讀本	최남선, 신문관선장본
1922.05.15	朝鮮雄辯集 제1집	玄丙周 편, 박문서관
1922.05.15	現代思想各論	강하형, 태화서관
1922.05.20	李朝の文臣·各種の朝鮮評論	細要肇 편, 菊池謙讓, 自由討究社, 동경, 일본어
1922.06.07	世界改造十大思想家	李敎昌·盧子泳 공편, 조선도서(주)
1922.08.10(증쇄).	고등조선어급한문독본 4	조선총독부 편발, 1913 초판, 선장본
1922.09.20	名媛新女子寶鑑	金瑗根, 영창서관, 선장본
1922.11.10	逸士遺事	장지연, 회동서관, 선장본
1923.01.01	조선문명사	안자산, 회동서관
1923.01.20(재)	行年秘訣	홍순필, 보문관, 1918 초판
1923.01.30	暗影	진학문, 동양서원
1923.02.05	金英一의 死	조명희, 南駿祐 장정, 동양서원, 1-8쪽 낙장

1923.02.05	林花鄭延 1-6완	조선도서주식회사 저발
1923.03.30	진본정감록	柳田文治郎, 正直書館
1923.04.18	批難鄭鑑錄眞本	玄丙周, 근화사
1923.4.30	하믈레트	현철 역, 박문서관
1923.04.30	朝鮮明倫錄 上下	대동출판협회(편,발행)
1923.06.20	李适亂及丙子亂	고유상 저발, 회동서관
1923.06.30	神壇實記	김교헌, 大倧敎청년회, 선장본
1923.06.00(서문일자)	增修内地人之朝鮮語獨學	朴重華, 영창서관, 판권,뒤표지 낙장
1923.07.09	諺譯孟子	鮎貝房之進 편, 유교경전강구소
1923.07.25	향일초	홍난파, 박문서관
1923.08.05	幻戲	나도향, 조선도서주식회사
1923.08.10	現代雄辯式辭日鮮演說法	영창서관 편발
1923.08.25	이리앳트니야기	노자영, 신생활사 판매부
1923.08.28	諺譯大學中庸	鮎貝房之進 편, 유교경전강구소
1923.09.05	어둠의 힘	톨스토이, 이광수 역, 중앙서림, 맨끝 3-4쪽,판권 낙장
1923.10.17	조선의 현재와 장래	이광수, 흥문당서점
1923.11.05(재)	창선감의록	지송욱, 신구서림
1923.11.06	三大修養論	朴埈杓 역, 태화서관
1923.11.07	諺譯詩傳	鮎貝房之進 편, 유교경전강구소
1924.01.10	권리쟁투론	延星欽 역, 태화서관
1924.01.30(재)	청천벽력	金天熙 저발, 박문서관
1924.03.23	朝鮮文化史大典	青柳綱太郎, 조선연구회, 일본어
1924.05.01(재)	南邦의 處女	염상섭 역술, 평문관
1924.05.10	萬二千峰朝鮮金剛山	滿鐵京城鐵道局 편발, 일본어, 케이스
1924.06.10	新聞學	김동성, 조선도서주식회사
1924.06.25	체홉단편집	권보상 역, 조선도서주식회사
1924.08.25	견우화	염상섭, 나혜석 장정, 박문서관
1924.10.05	諺譯書傳	鮎貝房之進 편, 유교경전강구소
1924.10.13	금강산유기	이광수, 시문사
1924.10.30	列聖御製	列聖御製출판소 편발, 케이스
1924.12.13	朝鮮史話	幣原坦, 富山房, 동경, 일본어, 케이스
1925.01.08(재)	설인귀전	지송욱 저발, 신구서림
1925.02.14(四)	사랑의 불꽃	노춘성, 청조사
1925.02.28	세계문학걸작집	吳天園 역, 한성도서
1925.03.30(재)	해왕성(상하2책)	이상협, 회동서관
1925.05.11	조선위인전	장도빈, 고려관
1925.05.29	사랑의 雪夜	周松坡, 대산서림
1925.05.30	증보상해신옥편	박문서관 편발
1925.07.30	英鮮字典	元漢慶, 조선야소교서회
1925.09.15	典故大方	姜斅錫, 한양서원, 선장본, 노루지

1925.09.30	朝鮮文化史研究	稻葉君山, 雄山閣, 동경, 일본어, 케이스
1925.09.30(五)	三快亭	고유상, 회동서관
1925.09.30(五)	古文眞寶前	지송욱 저발, 신구서림
1925.10.15	朝鮮郅廡諸賢文選	조선승무제현문선출판소(편,발행)
1925.10.30	박씨전	강의영, 영창서관, 표지부분 파손
1925.11.20	제마무전	강의영, 영창서관, 앞표지 낙장
1925.11.25	沙上散筆	김억, 白熱社
1925.11.30	조선명신록 제1, 제2	李章薰 著發, 儒林建約所, 노루지, 선장본
1925.11.30	맹자집주	崔錫鼎 著發, 신구서림, 표지 개장
1925.12.05	청춘의 광야	노자영, 청조사, 표지 개장?
1926.02.15	丙子日記	細要肇 편, 自由討究社, 일본어, 케이스
1926.02.20	再生 상하	이광수, 회동서관
1926.03.03	血痕의 默華	유도순, 청조사
1926.04.22(재)	朝鮮正音文典	金元祐, 조선도서주식회사, 초판 1922
1926.05.10	尋春巡禮	최남선, 백운사
1926.05.12	中庸集註	고유상 저발, 회동서관
1926.05.15	雅言覺非 · 晝永編	細要肇 편, 自由討究社, 일본어, 케이스
1926.06.06	朝鮮近代名家詩抄	金□炳, 회동서관
1926.06.15(재)	懲毖錄 · 瀋陽日記	細要肇 편, 自由討究社, 일본어, 케이스
1926.08.15(재)	海游錄	細要肇 편, 自由討究社, 일본어, 케이스
1926.09.15	김옥균실기	강의영, 영창서관
1926.10.05	신생활론	이광수, 박문서관
1926.10.23	우슴거리	강은형, 대성서림, 앞표지,1-2쪽 낙장
1926.10.28	重訂방약 합편	고유상, 회동서관, 노루지, 선장본
1926.12.01	백팔번뇌	최남선, 노수현 장정, 동광사
1926.10.07	무쌍가정보감	강의영 편발, 영창서관
1926.12.20	증상연예옥중가인	지송욱, 박문서관 외
1926.12.20	옥루몽 1-4	4책, 노익형 저발, 박문서관
1926.12.28	사례편람	홍순필 著發, 경성서적업조합, 선장본
1926.00.00	江都古今詩選	朴憲用 편, 미상, 노루지, 선장본, 앞뒤표지,판권 낙장
1927.01.11(三)	사천년문헌통고	李定求, 동명사, 1926 초판, 선장본, 노루지
1927.01.15	고문진보후집	홍순필 저발, 경성서적업조합, 앞뒤표지 개장
1927.02.25	어이켄철학	而隱生 역술, 조선도서(주), 1921 초판
1927.03.25	列强의 野心論	梁白華, 영창서관
1927.03.30	朝鮮の今昔歷代篇	松田甲, 조선총독부, 일본어
1927.04.20	황야에 우는 小鳥	노자영, 청조사, 앞뒤표지 낙장
1927.06.01	朝鮮女俗考	이능화, 동양서원, 선장본
1927.06.20	월남이상재실기	金迫東, 同出版所
1927.07.15	백두산근참기	최남선, 한성도서, 판권 낙장, 뒤표지
1927.07.30	아시조선	최남선, 동양서원

1927.08.18	朝鮮及朝鮮民族	조선사상통신사 편, 조선사상통신사, 케이스, 일본어
1927.09.02(三)	明心寶鑑	대창서원 편발
1927.09.04	金剛句歌詩集	成田碩內, 龜屋商店, 일본어
1927.10.05	朝鮮解語花史	李能和, 東洋書院翰南書林
1927.10.15(재)	日鮮史話 3	松田甲 述, 조선총독부
1927.12.15	文三憂堂先生實記	佐伯玄貞, 盛榮堂, 마산, 케이스
1928.01.20(재)	林花鄭延 권5	조선도서주식회사 저발
1928.01.20(재)	林花鄭延 권6	조선도서주식회사 저발
1928.01.20	조선글화엄경 5	白相奎 편발, 三藏譯會
1928.01.30	조선글화엄경 6	白相奎 편발, 三藏譯會
1928.02.10	조선글화엄경 7	白相奎 편발, 三藏譯會
1928.02.20	조선글화엄경 4	白相奎 편발, 三藏譯會
1928.02.29	조선글화엄경 8	白相奎 편발, 三藏譯會
1928.03.07	조선글화엄경 9	白相奎 편발, 三藏譯會
1928.03.25	조선글화엄경 10	白相奎 편발, 三藏譯會
1928.03.26	조선글화엄경 11	白相奎 편발, 三藏譯會
1928.02.28	쌔이론명시집	김시홍 역, 영창서관
1928.03.15(三)	수정삼국지 2	노익형, 박문서관, 1-4쪽 낙장
1928.03.00	회원명부	휘문교우회 편발, 동아사인쇄소
1928.04.01	청춘의 애상	一峰, 未詳, 서문일자,앞뒤표지 낙장
1928.05.05	槿域書畵徵	吳世昌, 계명구락부, 케이스
1928.07.05	금강예찬	최남선, 한성도서, 케이스
1928.07.05	조선어사전	조선총독부 편발
1928.07.20	여명문예선집	김승묵 편발, 여명사
1928.07.30	유랑영화소설	이종명, 임화 장정, 박문서관
1928.08.00	세계동화걸작전집	고장환 편, 신구서림, 판권낙
1928.09.23	農村의 丁抹	方台榮, 동양서원
1928.10.15	朝鮮風土記	難波專太郎, 대판옥호서점, 일본어
1928.11.28	여자고등조선어독본 2	조선총독부 편발, 선장본
1928.12.15	원문교정언문삼국지 2	강의영, 영창서관
1928.12.25(五)	新體美文學生書翰	황의돈, 申瑩澈 편, 鴻文園
1929.03.01	朝鮮의 鬼神	조선총독부, 조선총독부조사자료25집
1929.03.15	鄕歌及び吏讀の硏究	소창진평, 경성제대
1929.04.02	현대조선문예독본 권1	정렬모 편발, 殊芳閣, 선장본
1929.04.13	우리말본	첫재매, 최현배, 연희전문학교출판부
1929.04.15	日鮮同祖論	金澤庄三郞, 刀江書院, 동경, 일본어, 케이스
1929.05.15(재)	時調類聚	최남선, 한성도서
1929.06.15	조선사연구초	신채호, 조선도서주식회사, 선장본, 첩장본
1929.06.25	朝鮮古歌謠集	孫晉泰, 刀江書院, 동경, 일본어
1929.08.30	日鮮史話 5	松田甲述, 조선총독부

1929.09.10	滿蒙及熱河誌	張之亮, 한성도서㈜, 선장본, 노루지, 첩장본
1929.09.20	五十年の回顧	朴榮喆 저발, 케이스
1929.11.02	月南李商在	李時琓, 月南社會葬儀委員會, 선장본, 노루지, 첩장본
1929.00.00	朝鮮語文典	李完應, 조선어연구회, 앞뒤표지 파손
1930.01.18	현대인간학개론	任健洙, 신문당서점
1930.01.30	鰲城과 漢陰	文建鎬, 문광서림
1930.01.30	東國輿地勝覽 4	朝鮮史學會 편발
1930.02.20	新興朝鮮の論策	柳川勉, 내외사정사, 일본어
1930.03.25	日鮮史話 6	松田甲述, 조선총독부
1930.06.19	處世明鑑	쎄콘 저, 金世徹 역, 남창서관
1930.06.26⁽재⁾	朝鮮漫錄	今村병, 南山吟社, 일본어
1930.07.13⁽六⁾	在鮮四年有餘年	丸山鶴吉, 松山房, 동경, 일본어, 케이스
1930.07.22	日鮮關係の史的考察と其の研究	日笠護, 四海書房, 동경, 일본어
1930.07.25	세계의 희망	禹國華, 時兆社
1930.08.05	조선어철자법강좌	張志暎, 활문사
1930.08.14	인도성웅 '깐듸-'傳	白大鎭, 신구서림
1930.08.25	리태왕실기	노익환, 신구서림, 앞표지 개장
1930.09.00서문일자	건강과 행복	쏘지·에취·루, 시조사
1930.09.08	소설·평론집	박영희, 삼천리사, 1천 부 한정
1930.09.15	朝鮮政治史	高權三, 鋼鐵書院, 동경, 일본어
1930.10.15	운명희곡집	윤백남, 창문당서점
1930.10.28	혁명가의 안해	이광수, 삼천리사
1930.12.20	실용법률문답집	趙判五 저발, 문광사
1931.01.01⁽十⁾	朝鮮不動産商業登記申請書式	早川保次, 松山房, 동경, 일본어, 케이스
1931.02.05	조선잡기 1	菊池謙讓, 계명사, 일본어
1931.02.13⁽三⁾	한영대자전	奇一, 조선야소교서회
1931.03.31	여자중등국문3	조선총독부 편발
1931.04.05⁽五⁾	조선요리제법	방신영, 한성도서
1931.05.15	紅焰	최서해, 삼천리사
1931.05.20	정본천세력	김홍식 편발, 영창서관
1931.06.30	백두산등척기	안재홍, 유성사서점
1931.07.20	續日鮮史話 3	松田甲 述, 조선총독부
1931.09.20	세계일주아동미담	백대진, 덕흥서림
1931.09.27	금강산	前田寬, 조선철도협회
1931.10.25	학교요람	경성제2고보 편발
1931.11.15	인간고락	노익형 저발, 박문서관
1931.12.07	식민지문제의 기본지식	배성룡, 공생사
1931.12.25	조선한문학사	김태준, 조선어문학회
1931.00.00	The Grass Roof	강용흘, Charles Scribner's Sons, 뉴욕
1932.01.28	법률편(청년상식총서)	신명균, 상식보급회

1932.04.18	覺世道訓	李仙枰, 覺世道南觀, 노루지
1932.08.10	언해대학	文言社 편발
1932.08.10	언해중용	文言社 편발
1932.08.31	조선도서해제	조선총독부, 조선통신사
1932.09.25	靑丘雜記	安倍能成, 암파서점, 동경, 일본어(조선종이, 조선베 사용)
1932.11.10	梅泉詩集 상하2책	黃玹, 朴受容商店, 벌교, 선장본, 노루지
1932.12.26	朝鮮固有色辭典	北川左人, 靑壺발행소, 일본어, 케이스
1933.02.01	半島財産家總覽/朝鮮思想家總觀	김동환 편, 『삼천리』 부록
1933.02.10	校注老松堂日本行錄	谷村一太郎, 太洋社, 동경
1933.02.20	實演童話 1집	沈宜麟, 이문당
1933.02.25(四)	朝鮮最近史 13講	金起田, 조선농민사, 초판 1930
1933.02.25	조선소설사	김태준, 청진서관, 표지 개장
1933.02.25	조선소설사	김태준, 청진서관
1933.03.03	年運身數祕訣	신명균 저발, 구서적출판사
1933.03.25	職業學習書 2	篠原實, 三重出版社, 부산, 일본어
1933.05.00	中國古今地名大辭典	臧勵龢, 商務印書館, 상해, 중국어
1933.06.05	新羅史硏究	今西龍, 근택서점, 일본어
1933.06.10	언해논어	上下, 文言社 편발
1933.06.20	朝鮮總督府及所屬官署職員錄	조선총독부 편발
1933.08.31	Catalogue of European Books 1	경성제국대학도서관 편발
1933.09.09	조선사회경제사	백남운, 개조사, 동경, 일본어, 케이스
19330.09.10	조선경제의 현재와 장래	배성룡, 한성도서
1933.10.10	여자중등국문 4	조선총독부 편발
1933.10.00	중등교육조선어급한문독본 2	조선총독부 편발
1933.11.21	천도교창건사	이돈화, 천도교중앙종리원
1933.11.30(재)	청춘의 한고학생의 설음	月坡, 영창서관
1933.12.20	空氣·日光·水·衣服と住居	長谷川銕一郎 外, 조선총독부체신국, 일본어
1933.12.26	和漢書書名目錄 1	경성제국대학도서관 편발
1933.12.00	회원씨명부	경성제1고보교우회 편발
1934.03.31	朝鮮の姓	조선총독부 편발
1934.05.01	海松童話集	마해송, 同聲社, 동경
1934.06.05	조선인물선집	阿部薰 著發, 민중시론출판부, 일본어
1934.06.25	조선야사전집 1-5	윤백남, 계유출판사
1934.07.10	달밤	이태준, 김용준 장정, 한성도서
1934.08.30(七)	무정	이광수, 박문서관
1934.09.01	辛未洪景來亂の硏究	小田省吾, 小田先生頌壽記念會
1934.09.18	세계일주기	李順鐸, 한성도서
1934.09.30	여자중등국문 6	조선총독부 편발
1934.10.10	탐정모험소설名金	태화서관 저발
1934.10.25(재)	東史年表	魚允迪, 조선사학회

1934.12.15	通俗漢醫學原論	趙憲泳, 동양의약사
1934.12.15	原色朝鮮の蝶類	趙福成, 森爲三, 土居寬暢, 대판옥호서점
1934.06.25	사회사업강습회강연록	조선사회사업협회 편발, 일본어
1935.02.28(재)	模範鮮和辭典	박문서관 편발
1935.03.13	유정	이광수, 靑島社
1935.03.31	보통학교조선어독본 6	조선총독부 편발
1935.03.31	和漢書書名目錄 2	경성제국대학도서관 편발
1935.04.25	漢日鮮新玉篇	박문서관 편발, 선장본
1935.04.25	朝鮮風土記	小野淸, 민중시론사, 일본어
1935.05.25(五)	평화와 자유	김동환편, 삼천리사, 1932 초판
1935.06.20	太上感應篇	朴在健 저발, 중앙인서관
1935.06.25	朝鮮紀念圖書出版館趣旨書	李仁, 朝鮮紀念圖書出版館
1935.07.02	조선어학	朴勝彬, 조선어학연구회케이스
1935.07.18	문학청년서간집	李城路, 북성당
1935.08.20	明倫歌	徐載克, 동광인쇄소, 논산, 노루지
1935.08.25(三)	흙	이광수, 한성도서, 분철되어있음
1935.09.01	단편논문집	文袁泰 著發, 자가본, 橋本인쇄소, 일본어
1935.09.10	朝鮮の類似宗敎	조선총독부, 조선총독부조사자료42집
1935.09.03	古文獻에보이는朝鮮鑛産物	川崎繁太郎, 조선광업회, 일본어
1935.10.05	李王家藏書閣古圖書目錄	李王職 편발
1935.10.25	隨筆朝鮮 상하	寺田壽夫 편, 경성잡필사, 일본어, 케이스
1935.11.27	The Orchid Door	J.S.Grigsby, J.L.Thompson＆Co, 코베
1935.11.30	書式要覽	崔秉錫, 매일신보사 부록
1935.12.01	百家韻選 1,2	鄭東珣, 宋鴻來普仁藥房, 김천, 선장본, 노루지
1935.12.05	天機大要	김동진 저발, 덕흥서림, 선장본
1935.12.18	회원명부	휘문교우회 편발, 동아사인쇄소
1935.12.00	朝鮮事情 소화11년판	조선총독부 편발, 판권지 낙장
1936.02.21	최신철학개론	한치진, 부활사출판부
1936.03.04(재)	그 여자의 일생 후편	이광수, 영창서관
1936.03.20	古今同姓名大辭典	開縣彭作楨, 好望書店, 북평, 중국어
1936.04.01	歌集雜木の花	掛場すゑ, (京城居住), ボトナム社, 동경, 일본어
1936.07.31	和漢書書名目錄 4·5	경성제국대학도서관 편발
1936.08.05	時調全集(조선문학전집 1)	신명균 편, 중앙인서관
1936.08.25	新羅誌	金瑗根, 李晳洛, 火柱社, 대구
1936.08.28	상록수	심훈, 이상범 표지, 한성도서, 473 이하 판권 복사
1936.09.28	半島は廻轉る	市瀨五郎, 조선문제조사회, 일본어
1936.10.19	朝鮮讀本	李淸源, 學藝社, 동경, 일본어
1936.11.15	조선문인서간집	徐相庚 편, 삼문사
1936.11.20	반만년조선역사	현채, 덕흥서림, 선장본, 앞표지 낙장
1936.11.25	朝鮮風土歌集	市山盛雄淺川伯敎 장정, 조선공론사, 일본어

1936.12.05	近代朝鮮裏面史	菊池謙讓, 조선연구회본부, 일본어
1936.12.20	滿鮮雜錄	尾崎淸七, 秋豊園출판부, 동경, 일본어
1937.01.20(증보재)	朝鮮農政史考	西鄕靜夫, 조선농회, 일본어
1937.01.30(4)	現代雄辯式辭日鮮演說法	영창서관 편발
1937.02.20	우리말본	최현배, 연희전문학교출판부
1937.02.21(재)	조선최근세사	이선근, 한성도서, 초판 1931, 유성사서점?
1937.03.01	平壤之傳說	八田實, 평양명승고적보존회, 평양, 앞표지 낙장, 일본어
1937.03.03	地方行政區域名稱一覽	조선경찰협회 편발, 앞표지 손상
1937.03.10(三)	언해맹자 上中下	文言社 편발
1937.03.30	新書部分類目錄 上卷	조선총독부도서관 편발
1937.03.30	朝鮮人名辭書	조선총독부중추원 편발, 케이스
1937.03.30	吏讀集成	조선총독부중추원 편발
1937.03.31	東國輿地勝覽 색인	朝鮮總督府中樞院 편발
1937.04.15(재)	醉香	이무영, 김주경 장정, 조선문학사, 판권낙장
1937.05.18	조선시가사강	조윤제, 동광당서점, 서명본
1937.06.07(재)	문장독본	이광수, 대성서림, 1939 초판, 각 1천 부씩
1937.06.21	久遠의 女像	이태준, 정현웅 장정, 태양사
1937.07.05(재)	官界三十年	江口寬治, 二水閣, 일본어, 재킷
1937.07.08(재)	조선어표준말모음	조선어학회 편발, 1936 초판
1937.07.22	鼠火	이기영, 동광당서점
1937.07.30	최승희 자서전	최승일, 이문당
1937.08.06	모던조선외래어사전	李鍾極 저발, 한성도서
1937.08.10	常變告祝合編	李炳浩 편발, 이병호方(구례)
1937.08.30	여자국문독본학습서 前原登久雄	박문서관
1937.09.10	朝鮮の農業機構分析	印貞植, 白揚社, 동경, 일본어, 케이스
1937.09.15	풍운한말비록	尹孝定, 야담사, 표지 개장
1937.09.25	古今實驗方	安昶中, 國文社, 선장본
1937.10.10	朝鮮年鑑 소화13년	경성일보사 편발, 일본어,
1937.10.25	朝鮮文化の硏究	松月秀雄, 조선공민교육회, 일본어
1937.11.07(재)	三曲線(현대조선장편소설전집 8)	장혁주, 한성도서, 1937.8 초판
1937.11.15	朝鮮小史	小田省吾, 경성대판옥호서점, 일본어
1937.12.03	近代朝鮮史上	菊池謙讓, 계명사, 일본어,
1937.12.04	탐라기행한라산	이은상, 정현웅 장정, 조선일보사출판부
1937.00.00	明治年間朝鮮關係文獻抄錄	櫻井義之, 『조선』158-264호 연재합본
1938.01.01	新聞	林耕一, 야담사
1938.01.01	鄭圃隱선생誕辰6백년紀念誌	조선일보사출판부 편발
1938.01.25	朝鮮文字及語學史	金允經, 朝鮮紀念圖書出版館
1938.02.02	陰陽曆對照表	조선총독부관측소 편발
1938.02.20	길	엄흥섭, 한성도서, 1-4쪽 낙장
1938.03.00	卒業記念	若草사진관, 京城公立商業實修學校

1939.08.25	반도강산(춘원이광수걸작선집1)	이광수, 영창서관, 케이스, 띠지
1939.09.01 (四)	고향下(현대조선장편소설전집 2)	이기영, 한성도서
1939.09.03	역사와 문화	서인식, 학예사조선문고
1939.09.09	호암전집 1	문일평, 조선일보사출판부
1939.09.26	聖방지거一生	張孝準, 聖방지거수도원 (대전)
1939.10.01	朝鮮人名錄 소화15년도	경성일보사 편발, 『조선연감』 부록
1939.10.10	문학과 자유	홍효민, 광한서림현대문고
1939.10.10	원본 만세력	趙吉元 편발, 동일서관
1939.11.10	호암전집 2	문일평, 조선일보사출판부
1939.11.20	茶飯更爵	薛泰熙, 小梧山房, 선장본, 노루지
1939.11.25	임거정 2	홍명희, 조선일보사출판부, 표지 개장
1939.12.09	式辭大鑑	中村進吾 편발, 행정학회인쇄소, 일본어
1939.12.15	안회남단편집	안회남, 학예사 (조선문고)
1939.12.30	이태준단편선	이태준, 박문문고
1939.12.30	待春賦 下(新撰歷史小說全集 2)	박종화, 이승만 장정, 박문서관
1939.12.31	임거정 3	홍명희, 조선일보사출판부
1939.00.00	楓岳東遊錄	孔聖學 外, 지장본, 첩장제본, 노루지
1939.00.00	秋齋集 1, 2	趙秀三, 보진재, 선장본, 1책
1940.01.18	朝鮮唱劇史	鄭魯湜, 정현웅 장정, 조선일보사출판부
1940.01.20	實務叢書庶務類集	八木大吉, 대판옥호서점, 일본어, 케이스
1940.02.10	임거정 4	홍명희, 조선일보사출판부
1940.02.15	조선소설대표작집	申建 역편, 入江弘 장정, 교재사, 동경, 일본어
1940.02.20	歌詞集(조선문학전집 2)	중앙인서관 편발
1940.03.10	姓氏論	정광현, 동광당서점, 1940.3.16재판, 뒤11쪽 낙장
1940.03.15	조선문예연감 소화15년판	최재서 편, 인문사
1940.04.03	조선무사영웅전	안자산, 명성출판사
1940.04.10 (五)	흑진주	박용환, 박문서관, 앞표지 낙장 및 손상
1940.04.20	문장강화	이태준, 문장사
1940.04.15	산의 승패	김송, 박문서관, 앞뒤표지 낙장
1940.04.25	시조시학	안자산, 崔木郎 장정, 조광사
1940.05.20	박용철전집 2 평론집	林貞姬〔미망인〕 편발
1940.06.11	朝鮮産蝶類總目錄	석주명, 조선기독교서회영문
1940.06.24	聖經要覽	魯解理 역술, 조선기독교서회
1940.06.30	조선화폐고	유자후, 학예사
1940.08.05	俗談大辭典	方鍾鉉金思燁, 조광사
1940.08.15	귀향	한설야, 영창서관현대문고
1940.08.26	황순원 단편집	황순원, 한성도서, 1-13쪽 하단 손상
1940.09.10	토정비결	김동진 저발, 덕흥서림
1940.09.20	조선문학선집 2	장혁주 外, 赤塚書房, 동경, 일본어
1940.09.30	역대시조선	이병기, 박문문고

1940.11.15	東學史	吳知泳, 영창서관, 앞표지부분 파손
1940.11.20	朝鮮舊書考	黑田亮, 암파서점, 동경, 일본어
1940.12.10	수정증보 조선어사전	문세영, 조선어사전간행회
1940.12.20	문학의 논리	임화, 김용준 장정, 학예사
1940.12.20	朝鮮文學讀本(新選文學全集 1)	조광사 편발, 1938년 초판
1940.00.00	봄	유진오, 한성도서, 판권 낙장
1941.01.15	二都哀話	林學洙 역, 조광사책등보수
1941.02.01	이태준 단편집	이태준, 학예사조선문고
1941.02.15(재)	세조대왕	이광수, 박문서관, 1940 초판
1941.03.30	明治年間朝鮮研究文獻誌	櫻井義之, 서물동호회, 일본어
1941.04.20(五)	춘원서간문범	이광수, 삼중당서점
1941.05.05(재)	임거정 1	홍명희, 조광사, 1939 초판
1941.05.20(재)	우리말본	최현배, 정음사, 1937 초판
1941.05.20(재)	천변풍경	박태원, 박문서관
1941.06.05	사랑전편	이광수, 정현웅 장정, 박문서관, 1939 초판
1941.06.10	내가사랑하는생활	윤석중 역, 주부지우사, 동경
1941.06.10	金의 情熱	채만식, 영창서관, 판권 낙장, 1943 재판일수도
1941.06.15	행복의 가정−치악산, 귀의성	이인직, 영창서관
1941.07.15	한설야단편서	한설야, 박문문고
1941.08.02(三)	문장강화	이태준, 문장사
1941.08.10	朝鮮文化の性格	村山智順述, 日本拓植協會, 동경, 일본어
1941.09.05	무서록	이태준, 김용준 장정, 박문서관
1941.09.10	名作童話集	전영택, 주요섭, 교문사
1941.09.10	흑두건	윤백남, 이상범 삽화, 영창서관
1941.10.20	조선공예전람회도록	조선공예연구회 편, 문명상점, 동경
1941.11.23	朝鮮農村物語	重松○修, 靑山二郎, 장정, 중앙공론사, 동경
1941.12.15	韓相龍君を語ろ	韓翼敎 편, 韓相龍氏還曆記念會, 일본어
1941.12.00	교우회명부	중동중학교교우회 편발, 앞뒤표지 낙장
1941.00.00	Song of Arirang	김산＆님웨일스, The John Day Co, 뉴욕
1942.03.15	和戰何れも辭せず	장혁주, 大觀堂, 케이스, 동경, 일본어
1942.04.15	재출발	김팔봉, 평문사
1942.04.20	고향	김사량, 崔淵海 장정, 甲鳥書林, 동경, 일본어
1942.04.30	한글갈	최현배, 정음사
1942.04.00	양정동창회명부	양정교우회 편발
1942.05.10(재)	수정증보 조선어사전	문세영, 조선어사전간행회, 1940 초판
1942.07.01서문일자	近代朝鮮經濟史	최호진, 慶應書房, 일본어
1942.07.20	朝鮮に於ける化學工業品の統制	池尾勝巳, 朝鮮行政學會, 케이스
1942.08.20	春海書簡文集	方仁根, 남창서관
1942.09.20	대원군前篇	윤승한, 삼중당서점, 앞표지 낙장
1942.10.20	軍國의 어머니	朴泰遠, 조광사

1942.11.20	朝鮮區域一覽	大山治永, 영창서관
1942.11.25(재)	벽공무한(현대걸작장편소설전집 2-9)	이효석, 정현웅 장정, 박문서관, 1941 초판
1942.12.10(四)	단종애사	이광수, 박문서관
1942.12.25	塔	한설야, 윤희순 장정, 매일신보사출판부
1943.01.01	朝鮮史譚	金素雲, 天佑書房, 케이스, 일본어, 5천 부
1943.01.03	半島史話와 樂土滿洲	洪炳哲, 滿鮮學海社
1943.01.05	現行禮儀讀本	삼중당서점 편발
1943.01.07(서문일자)	大東亞戰記	이무영, 이태준, 인문사, 221쪽 이하 판권낙장
1943.01.25	朝鮮農村再編成の研究	印貞植, 人文社, 일본어
1943.01.28	松峴雜記	本田秀夫, 東洋經濟新報社 경성지점, 일본어
1943.01.00서문일자	朝鮮國民文學集	조선문인협회 편, 不破章 장정, 동도서적주식회사
1943.03.03	印度支那と日本との關係	金永鍵, 富山房, 동경, 일본어, 3천 부
1943.03.25	家庭保健讀本	張文卿, 성문당서점
1943.03.31	烽火	엄흥섭, 성문당서점
1943.04.05(재)	靑苔集	박종화, 영창서관
1943.04.18	麻科會通 (상하)	정다산, 행림서원
1943.04.30	轉換期의 조선문학	崔載瑞, 高森獵夫 장정, 인문사, 일본어
1943.05.05	歌曲源流	咸和鎭, 鐘路印文社
1943.07.20	國民學校體鍊科ノ研究	청주사범학교, 등사본, 일본어
1943.07.25	書簡文講話	이태준, 박문서관
1943.08.25(三)	李仁錫上等兵とその妻 일본어	鍊成社
1943.09.15	朝鮮の神話と傳說	申來鉉, 一衫書院, 일본어, 5천 부
1943.08.28(재)	多情佛心上	박종화, 이승만 장정, 박문서관, 1942 초판
1943.09.18	朝鮮風土記下	難波專太郎, 건설사, 동경, 일본어, 2천 부
1943.09.29	靑瓦の家	이무영, 이승만 장정, 신태양사, 동경, 일본어, 5천 부
1943.09.30	故鄕사람들	이근영, 정현웅 장정, 영창서관
1943.10.15	千字뒤풀이노래	金駿煥, 덕흥서림
1943.10.20(재)	人生砂漠	엄흥섭, 이주홍 장정, 성문당서점, 1942 초판
1943.10.31	三國遺事	최남선 편, 삼중당서점
1943.11.15	浮き沈み	장혁주, 石川淸 장정, 하출서방, 동경, 일본어, 3천 부
1943.11.30	배비장	채만식, 김규택 장정, 박문서관, 판권 낙장
1943.12.15	돌다리	이태준, 김용준 장정, 박문서관
1943.12.24	朝鮮事情(소화19년판)	조선총독부 편발
1943.12.28	行雲流水	高橋正, 경성대판옥호서점, 일본어
1943.12.30	방송소설명작집	김동인 外, 정현웅 장정, 조선출판사
1944.01.10(三)	수정증보 조선어사전	문세영, 조선어사전간행회, 1940 초판
1944.02.20	國體明鑑	高橋亨 外, 朝鮮儒道聯合會
1944.02.22	조선전설집	이홍기 편, 정현웅 장정, 조선출판사
1944.02.29(재)	마음의 琴線	현경준, 홍문서관, 1943 초판
1944.03.25	現代靑年書翰文	명문당 편발

1944.03.25	高麗史研究	今西龍, 근택서점, 일본어, 1천 부
1944.03.28	特輯靑年敎本	조선총독부 편, 조선교학도서
1944.03.00^(서문일자)	조선고전물어	김상덕, 임홍은 장정, 성문당서점, 389쪽 이하, 판권 낙장
1944.04.15^(재)	고사통	최남선, 삼중당서점, 1943 초판
1944.04.20	생활의 윤리	이기영, 이여성 장정, 성문당, 1942 초판
1944.04.20	仁祖反正	홍효민, 이승만 장정, 성문당, 앞표지 낙장
1944.05.25	반도작가단편집	정비석 外, 이승만 장정, 조선도서출판주식회사, 일본어
1944.05.28	충효야담집	김송편, 정현웅 장정, 광한서림
1944.05.30	金玉均傳上	林毅陸, 경응출판사, 동경, 일본어, 2천 부
1944.07.25	修養讀物名作童話 孔子と少年	평문사 편발
1944.07.31	백가면과 황금굴	김래성, 정현웅 장정, 조선출판사, 앞표지 하단 손상
1944.07.31	대지는 부른다	안회남 外, 정현웅 장정, 조선출판사
1944.07.31	흙의 노예	이무영, 정현웅 장정, 조선출판사
1944.09.05^(三)	고사통	최남선, 삼중당서점, 1943 초판
1944.10.10	第七公主	박흥민, 김규택 장정, 성문당서점, 1944.2, 초판 앞부분 낙장 다수
1944.10.20	朝鮮の演劇	印南高一, 北光書房, 동경, 일본어, 2천5백 부
1944.10.20	朝鮮年鑑 소화20년도판	경성일보사 편발, 일본어
1944.11.15	朝鮮野談·隨筆·傳說	森川淸人, 경성 ローーカル社, 일본어
1944.11.30	朝鮮行政法提要	松岡修太郎, 東都서적⒥ 경성지점, 일본어, 5천 부
1944.12.15	淸凉里界隈	정인택, 合田正隆 장정, 조선도서출판주식회사, 일본어, 3천 부
1945.01.20^(재)	삼국지 1	박태원 역, 정현웅 장정, 박문서관, 앞표지 낙장
1945.02.20	삼국지 2	박태원 역, 정현웅 장정, 박문서관
1945.03.20	별은 창마다	이태준, 홍우백 장정, 박문서관. 앞표지 낙장
1945.03.30	續朝鮮農村物語	重松○修, 川原隆夫 장정, 흥아문화출판⒥, 동경, 일본어, 8천 부
1945.04.25	朝鮮戰時家庭園藝讀本	佐野美好, 대양출판사, 일본어, 3천 부
1945.6.25^(三)	朝鮮方言學試攷	河野六郎一石藏書印, 東都서적⒥ 경성지점, 일본어, 1천 부
1945.08.30	낙랑공주	이동규, 이주홍 장정, 명문당, 판권 소화20년8월
1946.12.01	朝鮮古代の文化	梅原末治, 高桐書院京都, 일본어
1946.00.00	Der Yalu Fliesst	Mirok Li, R.Piper&Co. 뮨헨

1906.07.10	朝陽報2	조양보사(沈宜性 편발, 일한도서印)
1906.07.31	대한자강회회보7	대한자강회월보사무소(이종준 편발)
1907.05.26	대한유학생회보3	대한유학생회(최남선 편, 柳承欽 發, 明文舍印), 동경
1907.08.05	법정학계4	보성전문학교발(석진형 편발, 보성사인쇄)
1907.10.30	공수학보4	대한공수회(姜荃편, 趙鏞殷발, 明文舍印동경)
1908.06.25	대한학회월보5	대한학회(동경)(김기권 편발, 박병철인)
1908.09.25	대한학회월보7	대한학회(동경)(유승흠 편, 강전 발, 고원훈인)
1908.11.25	호남학보6	호남학회관(이기 편발, 신문사인쇄국)
1909.01.28	공업계1	공업월보사(신규식 사장겸편, 박찬익 발, 우문관인)
1908.11.01	소년1	신문관(최창선 편발, 신문관인출소박영진)
	소년2-1(1909.1.1) 소년2-2(1909.2.1) 소년2-3(1909.3.1) 소년2-4(1909.4.1) 소년2-5(1909.5.1)	
	소년3-1(1910.1.15)	
1908.11.25	대동학회월보10	대동학회회관(이대영 편발, 경성일보사印)
	대동학회월보12(1909.01.25) 대동학회월보13(1909.02.25) 대동학회월보14(1909.03.25)	
	대동학회월보15(1909.04.25) 대동학회월보18(1909.07.25) 대동학회월보20(1909.09.25)	
1909.05.20	대한흥학보3	앞표지낙장대한흥학회(동경), 강전 편, 고원훈 발, 대한흥학회출판부
1909.07.00	기호흥학회월보2-6	앞뒤표지 낙장
1910.02.20	대한흥학보10	대한흥학회(동경)이득년편, 고원훈발, 대한흥학회인쇄소
1910.04.25	교남교육회잡지2-11	교남교육회사무소(박정동 편발 大同廣智社印)
1911.03.15	일본어학잡지3	일본어학잡지사(町田長作 편발, 송헌석역, 동문관인쇄소)
1911.11.15	천도교회월보2-6	천도교회월보발행소(차상학 편발, 보성사印)
1912.02.25	조선불교월보1	조선불교월보사(권상로 편발, 보성사印)
	조선불교월보2(1912.3.25) 조선불교월보3(1912.4.25) 조선불교월보4(1912.5.25)	
	조선불교월보5(1912.6.25) 조선불교월보6(1912.7.25) 조선불교월보7(1912.8.25)	
	조선불교월보8(1912.9.25) 조선불교월보9(1912.10.25) 조선불교월보10(1912.11.25)	
	조선불교월보11(1912.12.25) 조선불교월보12(1913.1.25) 조선불교월보13(1913.2.25)	
	조선불교월보15(1913.4.25) 조선불교월보16(1913.5.25) 조선불교월보17(1913.6.25)	
	조선불교월보18(1913.7.25) 조선불교월보19(1913.8.25)	
1912.03.15	辛亥集1	辛亥唫社(安往居 편발, 普明社印)앞표지개장
1913.10.05	아이들보이2	신문관(최창선 편발, 신문관印)
1913.10.05	신문계1-7	신문사(竹內錄之助 편발, 대동인쇄소)
1914.11.05	신문계2-11	신문사(竹內錄之助 편발, 대동인쇄소)
1913.11.20	해동불보1	해동불보사(박한영 편발, 창문사印)
	해동불보2(1913.12.20, 성문사印) 해동불보3(1914.1.20, 대동인쇄印)	
	해동불보4(1914.2.20, 대동인쇄印) 해동불보5(1914.3.20, 대동인쇄印)	
	해동불보6(1914.4.20, 대동인쇄印) 해동불보7(1914.5.20, 대동인쇄印)	
	해동불보8(1914.6.20, 대동인쇄印)	
1913.12.05	경학원잡지1	경학원(이인직 편발, 조선복음인쇄)
	경학원잡지2(1914.03.25) 경학원잡지3(1914.06.25) 경학원잡지4(1914.09.25)	
	경학원잡지5(1914.12.25) 경학원잡지6(1915.03.25) 경학원잡지7(1915.06.25)	

경학원잡지8(1915.09.25) 경학원잡지9(1915.12.25) 경학원잡지10(1916.03.25, 92쪽이하낙장)

경학원잡지13(1917.03.25, 朴稚祥 편발) 경학원잡지14(1916.07.25) 경학원잡지15(1917.10.15)

경학원잡지16(1918.03.25, 鄭崙秀 편발) 경학원잡지17(1918.07.25) 경학원잡지18(1918.09.25)

경학원잡지19(1918.12.25) 경학원잡지20(1920.03.25, 성문사인) 경학원잡지21(1921.03.10, 대동인쇄)

경학원잡지26(1925.12.25, 李大榮 편발)

1914.10.01	청춘1	신문관(최창선 저발, 신문관印)뒤표지낙

청춘3(1914.12.01) 청춘4(1915.01.01) 청춘6(1915.03.01) 청춘11(1917.11.16)

1915.03.15　불교진흥회월보1　　불교진흥회본부(이능화 편발, 성문사印)

불교진흥회월보2(1915.4.15) 불교진흥회월보3(1915.5.15) 불교진흥회월보4(1915.6.15)

불교진흥회월보5(1915.7.15) 불교진흥회월보6(1915.8.15) 불교진흥회월보7(1915.9.15)

불교진흥회월보8(1915.11.15) 불교진흥회월보9(1915.12.15)

1915.05.29　以文會誌乙卯1　　以文會(成田碩內 편발, ウツボヤ서적점印)

以文會誌乙卯3(1915.12.29) 以文會誌丙辰1(1916.04.10)

1915.12.20　법률논강29　　법률논강사(李源生저발, 성문사印)

1916.03.01　조선휘보13　　조선총독부(관방총무국총무과장, 同인쇄소)

조선휘보15(1916.5) 조선휘보16(1916.6.1) 조선휘보17(1916.6.15) 조선휘보18(1916.7)

조선휘보19(1916.8) 조선휘보20(1916.9) 조선휘보21(1916.10) 조선휘보22(1916.11)

조선휘보24(1917.1) 조선휘보25(1917.2) 조선휘보26(1917.3) 조선휘보27(1917.4) 조선휘보28(1917.5)

조선휘보29(1917.6) 조선휘보30(1917.7) 조선휘보31(1917.8) 조선휘보32(1917.9) 조선휘보33(1917.10)

조선휘보34(1917.11) 조선휘보35(1917.12) 조선휘보39(1918.4) 조선휘보41(1918.6)

조선휘보44(1918.9) 조선휘보47(1918.12) 조선휘보49(1919.2) 조선휘보51(1919.4) 조선휘보54(1919.7)

조선휘보55(1919.8) 조선휘보57(1919.10) 조선휘보58(1919.11) 조선휘보59(1919.12)

조선휘보60(1920.1) 조선휘보63(1920.4) 조선휘보64(1920.5)

1916.04.05　조선불교계창간호　　불교진흥회본부(李能和 편발, 誠文社印)

조선불교계2(1916.5.5) 조선불교계3(1916.6.5)

1917.03.20　조선불교총보1　　三十本山연합사무소(이능화 편발, 東一印)

조선불교총보2(4.30성문사印) 조선불교총보3(5.20) 조선불교총보4(6.20)

조선불교총보5(7.20신문관印) 조선불교총보6(9.20) 조선불교총보7(11.20)

조선불교총보9(1918.5.20) 조선불교총보10(7.20) 조선불교총보11(9.20)

조선불교총보12(11.20) 조선불교총보13(12.20) 조선불교총보14(1919.2.20)

조선불교총보15(5.20) 조선불교총보16(7.20) 조선불교총보17(9.20)

조선불교총보20(1920.3.20) 조선불교총보21(5.20)

1917.04.19	학지광11	학지광발행소(현상윤 편발, 복음인쇄합자회사)
1918.8.15	학지광17	학지광사(최팔용 편발, 복음인쇄합자회사)
1918.04.10	반도시론2-4	반도시론사(上野政吉 편발, 동경국문사印)
1919.03.20	창조2	창조사동경(주요한 편발, 복음인쇄)
1920.02.15	서울2	서울社(장도빈 著發, 신문관印)
1920.09.15	서울6	한성도서출판부(장도빈 著發, 신문관印)
1920.03.20	현대3	조선기독교청년회동경(白南薰 편발, 복음인쇄)
1920.06.15	조선교육연구회잡지57	조선교육연구회(坪內孝 편발, 조선인쇄(주)) 일본어

1920.08.01	신청년3	경성청년구락부(李泉雲 편발, 조선인쇄株)
1920.09.15	會心1-4	조선식산은행행우회본부(渡邊彌幸 편발, 대해당) 일본어, 앞뒤표지낙?
1920.11.01	개벽5	개벽사(이돈화 편, 李斗星 발, 신문관印)

개벽6(1920.12.1) 개벽7(1921.01.01) 개벽9(1921.03.05) 개벽25(1922.07.10)

개벽26(1922.08.01) 개벽28(1922.10.01) 개벽36(1923.06.01, 대동인쇄표지-16쪽낙장)

개벽53(1924.11.01, 표지목차낙장) 개벽(속간)2-2(1935.03.01, 차상찬 편발, 창문사印, 앞표지낙장)

개벽74(1946.1.28김기전 편발, 조선정판사印)

| 1921.02.28 | 儒道1 | 유도진흥회(尹弼求 편발, 대동인쇄) |

유도3(1921.07.31) 유도4(1921.12.03) 유도6(1922.03.31) 유도7(1922.05.31)

유도8(1922.07.31) 유도10(1922.11.31) 유도11(1923.06.01) 유도12(1923.08.23)

유도16(1925.03.16)

1921.04.10	共濟7	조선노동공제회(呂煥玉 편발, 신문관印)
1921.05.15	我聲3	조선청년회연합회(吳祥根 편발, 신문관印)
1922.07.15	時事評論3	시사평론사(金尙會 편발, 삼영사印)

時事評論4(1922.08.15, 상공회사인쇄부) 時事評論5(1922.09.15, 영남인쇄株) 시사평론2-1(1923.01.01, 영남인쇄)

시사평론2-2(1923.03.15) 시사평론2-3(1923.06.15, 대동인쇄) 시사평론2-4(1923.07.15)

시사평론2-5(1923.09.15)

| 1922.03.15 | 신생활1(표지낙장) | 신생활사(白雅悳 편발, 한성도서印) |

신생활2(1922.3.21) 신생활3(1922.4.1),

신생활4(1922.4.11) 신생활5(1922.4.22) 신생활6(월간, 임시호6월호, 1922.6.6) 신생활8(1922.08.05)

1922.09.15	共榮3	공영잡지사평양(鮮于순 편발, 한성도서印)
1922.10.15	共榮4	공영잡지사평양(鮮于순 편발, 한성도서印)
1923.4.1	신천지3-4(신천지사, 安廓 편발, 한성도서印)	
1923.11.05	慶北2-11	경북연구회(경북문서과장, 대구인쇄합자회사) 일본어
1923.12.15	신생명6	조선기독교창문사(朴勝鳳 편, 金昭 발, 한성도서印)
1924.03.01	신문예2	신문예사(李癸薰 편발, 대동인쇄)
1924.05.24	금성3	금성사(양주동 편, 山口誠子 발, 한성도서印)
1924.07.15	相助2	상조문예(李載禹 편발, 李元黙印) 등사본
1924.06.01	社友6-6	滿鐵社友會(江口寬治 편발, 융문관印)
1924.10.01	社友6-10	滿鐵社友會(江口寬治 편발, 융문관印)
1924.09.10	彰明4	전남儒道彰明會(鄭國采 편발, 中田普文社印)
1924.11.26	조선문단3	조선문단사(방인근 편발, 한성도서印)
1925.02.01	조선문단5	조선문단사(방인근 편발, 한성도서印)
1924.12.01	금융조합66호	조선경제협회(橫尾信一郎 편발, 조선인쇄)
1924.07.15	불교1	불교사(이능화 편발, 한성도서印)

불교2(1924.8.15) 불교3(1924.9.15) 불교4(1924.10.15) 불교5(1924.11.15, 신문관印) 불교6(1924.12.15)

불교7(1925.1.1) 불교8(1925.2.1) 불교9(1925.3.1) 불교10(1925.4.1) 불교11(1925.5.1) 불교12(1925.6.1)

불교13(1925.7.1) 불교14(1925.8.1) 불교15(1925.9.1)

불교16(1925.10.1) 불교17(1925.11.1) 불교18(1925.12.1)

| 1925.03.10 | 신여성3-3 | 개벽사(방정환 편발, 대동인쇄) |

신여성4-6(1926.06.01, 한성도서印) 신여성4-7(1926.07.01, 한성도서印) 신여성5-2(1931.02.01, 조선인쇄주)

신여성5-5(1931.06.01) 신여성7-1(1933.01.01) 앞표지낙장신여성7-11(1933.11.01) 신여성8-2(1934.03.01)

신여성8-3(1934.04.01)131쪽이하낙장신여성8-5(1934.06.01)

1925.05.05	普聲1	普聲社(최두선편, 高橋豊 편발, 한성도서印)
1925.04.01	신소년3-4	신소년사(신명균편, 高橋豊 편발, 동사인쇄부)
1925.05.11	조선불교2-13	조선불교사(中村健太郎 편발, 大和상회인쇄)

조선불교14(1925.6.11) 조선불교15(1925.7.11) 조선불교16(1925.8.11, 근택인쇄)

조선불교17(1925.9.11) 조선불교18(1925.10.11) 조선불교19(1925.11.11) 조선불교20(1925.12.11)

조선불교21(1926.1.11) 조선불교22(1926.2.11) 조선불교23(1926.3.11) 조선불교24(1926.4.11)

1925.12.15	협성1	협성동창회(朴玄寶 편발, 文昌인쇄소)
1925.12.25	휘문3	휘문고보학예부(新垣永昌 편발, 대동인쇄)
1926.04.10	어린이4-4(39호)	개벽사(방정환 편발, 한성도서印)
1932.01.20	어린이10-1(92호)	개벽사(이정호 편발, 한성도서印)
1933.06.20	어린이11-6(92호)	개벽사(이정호 편발, 한성도서印)
1926.05.31	경향잡지590	경향잡지사(楊秀春 편발)
1926.06.01	신민14-因山奉悼號	(신민사) 판권낙장
1932.06.01	신민73	신민사(이각종 편발, 선광인쇄)
1926.07.01	신학지남8-3	장로회신학교교수회평양(배위량 외편)159쪽이하낙장
1926.07.15	文敎の朝鮮12	조선교육회(岩佐重一 편발, 조선인쇄株)
1928.01.01	文敎の朝鮮29	조선교육회(岩佐重一 편발, 조선인쇄株)
1940.05.01	文敎の朝鮮177	조선교육회(八木信雄 편발, 조선인쇄株)
1926.12.01	朝鮮(일어판)139	조선총독부(문서과장발, 조선인쇄株)

조선(일어판)142(1927.03.01) 조선(일어판)169(1929.06.01) 조선(일어판)195(1931.08.01)

조선(일어판)243(1935.08.01) 조선(일어판)244(1935.09.01) 조선(일어판)245(1935.10.01)

조선(일어판)246(1935.11.01) 조선(일어판)247(1935.12.01)

| 1928.08.15 | 朝鮮(됴션문)130 | 조선총독부(총무과장 발, 조선인쇄株) |

조선(됴션문)154(1930.08.15, 문서과장발) 조선(됴션문)155(1930.09.15)

조선(됴션문)157(1930.11.15) 조선(됴션문)160(1931.02.15) 조선(됴션문)161(1931.03.15)

조선(됴션문)162(1931.04.15) 조선(됴션문)167(1931.09.15) 조선(됴션문)170(1931.12.15)

조선(됴션문)182(1932.12.15)

1928.05.01	별건곤3-3	개벽사(李乙 편발, 조선인쇄주)
1931.12.01	별건곤6-11	개벽사(차상찬 편발, 조선인쇄주)
1933.02.01	별건곤8-2	개벽사(차상찬 편발, 조선인쇄주)
1933.07.01	별건곤8-7	개벽사(차상찬 편발, 조선인쇄주)
1933.09.01	별건곤8-8	개벽사(차상찬 편발, 조선인쇄주)
1927.01.15	가정위생25호	가정위생사(土井霖次郎 편발, 天野印)
1927.03.20	계명18	계명구락부(沈友燮 편발, 대동인쇄)
1927.05.10	계명19	계명구락부(沈友燮 편발, 대동인쇄)
1927.08.01	현대평론7	현대평론사(河駿錫 편발, 창문사印)
1927.10.01	조선지광72	조선지광사(金東爀 편발, 한성도서)

1932.00.00	조선지광100	조선지광사, 앞뒤표지낙장
1927.12.20	학창3호	학창사(閔大鎬 편발, 기독교창문사印) 앞표지낙장
1928.01.01	학창신년호4호	학창사
1928.02.15	한빛2-2호	한빛사(李允宰 편발, 한성도서印)
1928.02.20	조선운동1	조선운동사동경(洪陽明 편발, 同聲社인쇄부)
1928.03.01	청년3월호	청년잡지사(潘河斗 편발, 한성도서印), 앞뒤표지낙장
1928.04.04	時兆18-4(통211)	시조사, 37면이하낙장
1936.12.02	時兆26-12	시조사(王大雅 편, 吳璧 발, 吉利瑞印)
1928.05.18	鐘3	鐘社부산(兪東濬 편발, 경남인쇄株)
1928.07.01	自力3창간호	自力社, 판권낙장
1928.08.01	조선불교51호	조선불교사(中村健太郎 편발, 근택인쇄)
1928.11.07	조선시단1	조선시단사(황석우 편발, 신문관印)
1930.01.12	조선시단6	조선시단사(황석우 편발, 선광인쇄)
1929.01.01	새벗5-1	새벗사(고병돈 편발, 대동인쇄주)
1929.04.01	학생2	개벽사(방정환 편발, 조선인쇄주)
1929.11.20	학생8	개벽사(방정환 편발, 조선인쇄주), 앞표지목차낙장
1929.05.01	문예공론1	문예공론사(방인근 편발, 광문사印, 평양)
1929.05.17	괴기1	동명사(鄭鎰著發, 대동인쇄)
1929.09.09	一光2	佛專校友會(宋宗憲 편발, 한성도서印)
1929.11.06	人道5	人道社홍성(金殷東 편발, 예산인쇄소)
1929.12.01	신소설1	건설사(金大植 편발, 창문사印)
1930.01.01	신소설2	건설사(金大植 편발, 창문사印)
1929.00.00	工事の友제1집	수리토목연구회(합본), 日本語
1935.12.20	工事の友7-4	조선토목공우회(三浦義明 편발, 조선인쇄), 日本語
1930.01.01	조선강단2-1	조선강단사(申琳 편발, 同社인쇄부)
1930.02.07	신생17(3-2)	신생사(유형기 편발, 한성도서)
1930.03.01-31	조선통신1188-1212호	조선통신사(伊藤卯三郎 편발, 馬木達雄印), 日本語
1930.04.10	조선산림회보62호	조선산림회(石田常英 편발, 조선인쇄)
1930.06.14	우리키4	우라키社(피시어 편발, 대동인쇄)
1930.09.01	대중공론2-7	대중공론사(申琳 편발, 同社인쇄부)
1930.09.01	학생2-8	개벽사(방정환 편발, 조선인쇄)
1930.12.20	양정7	양정고보교우회(磯部百三 편발, 근택인쇄)
1931.03.15	전북의축산61호	전북축산동업조합연합회(山本源一 편발, 대해당), 일본어
1931.05.01	批判1	비판사(宋奉瑀 편발, 평화당)
1931.05.15	혜성1-3	개벽사(차상찬 편발, 조선인쇄), 153이하낙장
	혜성1-6(1931.09.15) 혜성2-1(1932.01.15) 혜성2-2(1932.02.15) 혜성12(2-3)(1932.03.15)	
1931.07.00	瑞光1-3	瑞光會光州(三浦勇 편발) 판권면낙장
1931.08.15	我等4	我等社(신명균 편발, 신소년사인쇄부) 판권낙장
1932.01.04	我等2-1	我等社(신명균 편발, 신소년사인쇄부) 뒤표지낙장
1934.03.01	우리들4-3	우리들사(신명균 편발, 중앙인쇄소)

1931.11.01	신동아창간호	신동아사(양원모 편발, 대성당印), 복각본
1932.02.05	신동아2-2	신동아사(양원모 편발, 선광印), 앞표지낙장
1932.03.01	신동아2-3	신동아사(양원모 편발, 선광印)
1934.04.01	신동아4-4	신동아사(양원모 편발, 선광印), 앞부분낙장
1931.11.20	숫자조선연구2	세광사(이여성著, 金世鎔 편발, 大盛堂印)
	숫자조선연구3(1932.05.15) 숫자조선연구4(1933.06.08) 숫자조선연구5(1935.04.19)	
1932.04.01	동방평론1	동방평론사(백관수 편발, 홍문사印)
1932.12.01	時代像통12호	시대상사(梁在應 편발, 趙鎭周印)
1933.01.18	조선민속1	조선민속학회(송석하 저발, 大和상회印)
1940.10.05	조선민속3	조선민속학회(추엽융 저발, 大同출판사印)
1933.02.01	신가정2호	신동아사(梁源模 편발, 한성도서印)
1933.06.01	신가정6호	신동아사(梁源模 편발, 한성도서印), 앞표지낙장
1934.12.01	신가정2-12	신동아사(梁源模 편발, 한성도서印), 191이하낙장
1935.10.01	신가정3-11	신동아사(梁源模 편발, 한성도서印), 167이하낙장
1933.04.01	大衆1	대중과학연구사(金若水 편발, 大盛堂인쇄합자회사)
1933.05.15	衆明1	중명사(李肯鍾 편발, 大盛堂인쇄합자회사)
1933.07.15	衆明1-3호	중명사(李肯鍾 편발, 大盛堂인쇄)
1933.06.10	조선연구6-6	조선연구사(梁村奇智城 편발, 糀谷인쇄소), 日本語
1933.07.01	조선불교90호	조선불교사(中村健太郎 편발, 大海堂印)
1933.07.05	신계단1-10	조선지광사(兪鎭熙 편발, 吉岡인쇄)
1933.07.15	조선어문7	조선어문학회(조윤제저발, 한성도서印)
1933.10.15	학등창간호	한성도서(한규상저발, 한성도서)
1933.11.01	조선문학1-4	京城閣(이무영 편발, 金光堂印김기오)
1934.06.01	신앙생활3-6	신앙생활사평양(金麟瑞 편발, 三谷활판소)
1934.06.10	과학조선2-4	발명학회출판부(金容瓘 편발, 평화당인쇄)
1934.06.25	가톨릭청년2-7(14)	가톨릭청년사(元亨根 편발, 조선인쇄)
1934.12.25	가톨릭청년3-1(20)	가톨릭청년사(元亨根 편발, 조선인쇄)
1934.09.10	心之友11-9	心之友社(大浦貫道 편발, 橋本인쇄소), 日本語
1934.12.10	예술창간호	예술사(朴松 편발, 선광인쇄)
1935.01.15	正音6	조선어학연구회(權寧仲 편발, 창문사印)
1941.11.01	삼천리13-11	삼천리사(김동환 편발)
1935.03.01	신조선9	신조선사(권태휘 편발, 신조선사印)
1935.04.20	진단학보2	진단학회(이병도 편발, 대동인쇄소)
	진단학보3(1935) 진단학보4(1936.04.01) 진단학보5(1936.07.15)	
1935.05.03	詩苑3	시원사(吳熙秉 편발, 한성도서印)
1935.08.01	조선문단4-4	조선문단사(李城路 편발, 선광인쇄)
1935.08.06	은총4, 5호이인성표지화	火柱社(대구, 李晢洛 편발, 조양인쇄소)
1935.09.01	영화시대5-8	영화시대사(金賢秀 편발, 창문사)
1935.12.04(재)	야담창간호	야담사(김동인 편발, 선광인쇄)
1936.01.01	日刊상업통신26402호-선만경제특집호	대일본상업통신사

1936.02.18	신인문학3-2	청조사(노자영 편발, 한성도서印)
1936.04.07	학우회보소화10년도	경성제대예과학우회문예부(荒內眞佐治 편발, 근택인쇄), 日文
1936.01.01	중앙4-1	조선중앙일보사(尹希重 편발, 대동인쇄), 앞표지, 349이하낙장
1936.08.01	중앙4-8	조선중앙일보사(尹希重 편발, 대동인쇄), 앞뒤표지손상
1936.09.01	중앙4-9	조선중앙일보사(尹希重 편발, 대동인쇄)
1936.02.01	조광2-2	조선일보사출판부(방응모 저발, 창문사), 앞표지낙장

조광2-8(1936.08.01, 앞표지낙장) 조광2-9(1936.09.01) 조광2-10(1936.10.01, 앞표지손상)
조광2-11(1936.11.01, 앞표지손상) 조광3-3(1937.3.1, 앞표지낙장) 조광3-9(1937.9.1, 뒤표지낙장)
조광4-3(1938.3.1, 앞표지낙장) 조광4-5(1938.5.1, 앞표지낙장) 조광4-7(1938.7.1, 앞표지낙장)
조광4-8(1938.8.1, 앞표지낙장) 조광5-4(1939.4.1, 앞표지낙장) 조광7-12(1941.12.1) 조광10-4(1944.4.1)

1936.12.05	회지6	전주고보교우회(石澤謙宗 편발, 秀巧社福岡), 일본어
1936.00.00	조선25	RoyalAsiaticSociety(언더우드, YMCAPress)
1937.01.01	白光1	白光社(전영택 편발, 한성도서印)
1937.01.01	경성잡필215호	경성잡필사(寺田壽夫 편발, 일신인쇄), 日本語
1937.01.01	풍림2	풍림사(洪淳烈 편발, 창문사)
1937.04.01	풍림5	풍림사(洪淳烈 편발, 창문사)
1937.01.25	독서1	조선독서연맹(조선총독부내)(田中初夫 편발, 日新인쇄由井濱孫七)

독서2(1937.3.5) 독서3(1937.5.20) 독서4(1937.8.20) 독서5(1937.9.15)

1937.03.12	金星1	금성사(孫完允 편발, 대동인쇄)
1937.04.01	조선행정1-4	제국지방행정학회(能勢岩吉 편발, 행정학회印), 日文
1940.01.01	조선행정207호	제국지방행정학회조선본부(辻政次 편발, 행정학회印), 日文
1940.03.01	조선행정209호	제국지방행정학회조선본부(辻政次 편발, 행정학회印), 日文
1937.04.10	월간야담4-4(29호)	월간야담사(윤백남 편집), 뒷부분낙장
1937.05.10	월간야담4-5(30호)	월간야담사(윤백남 편집), 뒷부분낙장
1937.04.20	자력갱생휘보44호	조선총독부(景山宜景 편발, 행정학회印), 鮮文日文2種
1939.09.20	자력갱생휘보72호	조선총독부(岸勇一 편발, 조선인쇄印), 日文
1937.06.01	불교新4	불교사(許永鎬 편발, 중앙인쇄소)
1937.12.00	月報6	경성제1고보교우회
1938.03.01	성서조선110호	성서조선사(金敎臣 편발, 대동인쇄)
1938.03.03	斷層3호	단층사(朴容德 편발, 紀新社印)
1938.03.05	幕2	동경학생예술좌(朴東根 편발, 朝鮮新報社印), 동경
1938.03.15	공예82	일본민예협회(淺野長量 발), 동경, 일본어
1938.04.01	會報43	불법연구회총부(全世權 편발, 활문당활판부익산)
1938.06.00	白波6	백파사(함흥?, 81쪽이하낙장)
1938.07.31	서물동호회회보1	서물동호회(櫻井義之 편발, 행정학회)日本語

서물동호회회보2(1938.11.30) 서물동호회회보3(1939.3.13) 서물동호회회보4(1939.6.30)
서물동호회회보5(1939.9.1) 서물동호회회보6(1939.12.25) 서물동호회회보7(1940.3.25)
서물동호회회보8(1940.7.20) 서물동호회회보9(1940.9.6) 서물동호회회보10(1940.12.20)

1938.08.05	부활운동4-8	부흥사(金在衡 편발, 三中인쇄소), 낙장다수
1938.09.01	농업조선9김규택표지	大同출판사(李鍾萬 편발, 대동출판사인쇄부)

1938.11.01	여성3-11	조선일보사출판부(방응모 편발, 대동인쇄소), 표지낙장
1938.11.01	家庭の友16	조선금융조합연합회(小口弘 발, 대화상회印)
1938.12.18	皇民창간호	재단법인廣濟會(矢橋良胤 편발, 金子인쇄소), 日本語
1938.12.00	경성박물교원회지2	경성박물교원회, 63면이하낙장
1940.02.20	경성박물교원회지3	경성박물교원회(森爲三대표, 행정학회印)
1939.01.01	실화2-1	조선광업시대사(임인식 편발, 일신인쇄), 앞표지낙장
1939.02.01	문장1추사김정희	문장사(金鍊萬 편발, 大東인쇄)
	문장3(1939.04.01김용준) 문장5(1939.06.01199쪽이하낙장, 김용준 김환기) 문장6(1939.07.01, 205쪽이하낙장, 길진섭)	
1939.04.01	신세기4	앞뒤표지판권낙
1939.05.02	淸凉(15주년기념호)	경성제대예과학우회(島田被吉 편발, 근택인쇄)
1939.05.15	학우회지6	경기중학교(中江勝 편발, 조선인쇄)
1940.06.20	학우회지7	경기중학교(中江勝 편발, 조선인쇄)
1939.08.01	소년3-5	조선일보사출판부(방응모 편발, 창문사)
1940.12.01	소년4-12	조선일보사출판부(방응모 편발, 창문사), 앞부분낙장
1939.10.01	인문평론창간호	인문사(최재서 편발, 大同출판사)
	인문평론2-3(1940.03.01) 인문평론3-2(1941.02.01)	
1939.10.28	시학4	시학사(韓慶錫 편발, 대동출판사印)
1939.11.01	동양지광1-11	동양지광사(朴熙道 편발, 大同출판사印), 일본어
1939.11.01	모단니폰10-11조선판	모단니폰사(須貝正義 편발印), 동경, 일본어
1939.12.10	使命21	동경조선기독교청년회(尹瑾 편발, 대륙광고사印), 동경
1939.12.19	桂友19	김용준 표지, 중앙중학교동창회(신남철 편발, 大同출판사印)
1940.02.15	청색지8	청색지사(구본웅 편발, 창문인쇄)
1937.01*.15	조선실업구락부147	조선실업구락부사(한익교 편발, 근택상점인쇄)日本語
1940.03.01	조선실업18-3	조선실업구락부사(한익교 편발, 조선인쇄)日本語
1941.12.01	조선실업206호	조선실업구락부(韓翼敎 편발, 조선인쇄)日本語
1940.03.01	보성6	보성중학교(박격흠 편발, 동아사印)
1939.12.01	박문13 홍우백	박문서관(최영주 편발, 大東인쇄)
1940.04.01	박문3-4 김규택	박문서관(최영주 편발, 大東인쇄)
1940.10.01	박문3-8	박문서관(최영주 편발, 大東인쇄)
1940.08.01	朝鮮警防12-8	조선경방협회(北村輝雄 편발, 谷岡상점印)
1940.12.28	조선박물교원회지4	조선교원박물회(森爲三 편발, 행정학회印)
1940.00.00	漢榮6	한영중학원학우회(第一プリント社), 등사본, 日本語
1941.01.05	鐵道の友16-1	철도교양조성회(河野通久 편발, 근택인쇄), 日本語
1941.11.01	춘추2-10	조선춘추사(양재하 편발, 대동출판사)
	춘추3-6(1942.06.01) 춘추3-8(1942.08.01) 춘추3-9(1942.09.01) 춘추3-11(1942.11.01)	
	춘추4-4(1943.04.01) 춘추5-2(1944.02.01) 춘추5-3(1944.03.01)	
1941.03.01	문헌보국7-3(통57호)	조선총독부도서관(玉井德重 편발, 조선인쇄), 日本語
	문헌보국7-10(통64호)(1941.10.1, 小倉親雄 편발)	
1941.04.01	신시대4	신시대사(노익형 편발, 이상오印)
	신시대2-9(1942.09.01) 신시대사(瑞原聖 편발) 신시대3-4(1943.04.01) 신시대사(月城孝印)	

신시대4-8(1944.08.01) 신시대4-10(1944.10.01) 신시대4-11(1944.11.01)

1941.09.01	내선일체2-9	내선일체실천사(大朝實臣 편발, 대동출판사), 日本語
1944.01.01	내선일체5-1	내선일체사(大朝實臣 편발, 대해당), 日本語
1942.06.01	연구보고제1호	鹿兒島博物同志會(岡嶋銀次 편발, 근택)
1942.06.01	조선노무2-3	조선노무협회(福江鹿好 편발, 행정학회印), 日本語
1942.08.01	半島の光187 和文版	조선금융조합연합회(淸水精一 발, 매일신보사印), 日本語
1944.01.01	半島の光72 鮮文版	조선금융조합연합회(藤井實 발, 매일신보사印)
1942.08.20	조선전기잡지31-8	조선전기협회(見目德太 편발, 共盛堂印), 日本語
1942.09.01	매신사진순보296	매일신보사(金本東進 發, 天山益進編印), 日本語, 낙장있음
1942.11.01	藥草제1호	향토사편집부(개성), 日本語
1942.12.01	綠旗7-12	흥아문화출판(株)(源平義郎 편발, 근택인쇄소), 日本語
1943.01.25	漢方醫藥45호	충남한방의약협회(川岸穗波 편발, 島田文榮堂印), 日本語
1943.02.15	朝鮮司法保護3-2	조선사법보호협회(佐藤豁 편발, 선광), 日本語
1943.05.10	중앙대학조선동창회회지3	同會(全奎弘 편발, 日東인쇄동경), 日本語
1943.12.15	조선후생사업21-12	조선사회사업협회(大塚諦藏 편발, 谷岡상점인쇄부), 日本語
1944.01.01	大和世界3-1	대화세계사(竹葉秀雄 편발, 橋本인쇄소), 日本語
1944.03.05	조선체신308호	조선체신협회(山本彦三 편발, 조선인쇄), 日本語
1944.04.01	儒道6	조선유도연합회(可知淸次郎 편발, 매일신보사印)
1944.05.01	국민문학4-5	인문사(石田耕造 편발, 매일신보사印), 일본어
1944.12.01	일본부인1-9	대일본부인회조선본부(小野利幸편, 藤江崎一 발, 매일신보사)
1945.04.01	일본부인2-4	대일본부인회조선본부(小野利幸편, 藤江崎一 발, 매일신보사)
1945.05.01	일본부인2-5	대일본부인회조선본부(小野利幸편, 藤江崎一 발, 매일신보사)

| 엮은이 |

오영식 吳榮植, Oh, Young-Shik

중앙대학교 대학원 국문학과를 졸업, 보성고등학교에서 33년간 국어교사로 근무하였으며, 오는 8월말 정년퇴직을 앞두고 있다. 전 『불암통신』(1990~2005) 발행인이며, 반년간 『근대서지』 편집장으로, 대한출판문화협회에서 주최하는 1988 모범장서가로 선정된 바 있다. 저서로 『보성 100년사』(편저, 보성고등학교), 『해방기 간행도서 총목록 1945-1950』(편저, 소명출판), 『틀을 돌파하는 미술 – 정현웅 미술작품집』(공편저, 소명출판), 『김광균 문학전집』(공편저, 소명출판), 『『어린이』 총목차 1923-1949』(공편저, 소명출판)가 있다.

보성학교 오영식 선생
정년퇴임 기념 소장도서 전시회
冊

40년 – 108번뇌

보성학교 오영식 선생 정년퇴임 기념
소장도서 전시회

초판 인쇄 2017년 8월 10일
초판 발행 2017년 8월 15일

엮은이 오영식
펴낸이 박성모
펴낸곳 소명출판
　　　　주소 서울시 서초구 서초중앙로6길 15, 1층
　　　　전화 02-585-7840
　　　　팩스 02-585-7848
　　　　전자우편 somyungbooks@daum.net
　　　　홈페이지 www.somyong.co.kr

값 15,000원
ⓒ 오영식, 2017
ISBN 979-11-5905-206-5 03010